A Course in French for Adult Beginners

SUPPORT BOOK

Hodder & Stoughton

A MEMBER OF THE HODDER HEADLINE GROUP

Orders: please contact Bookpoint Ltd, 130 Milton Park, Abingdon, Oxon
OX14 4SB. Telephone: (44) 01235 827720. Fax: (44) 01235 400454.
Lines are open from 9.00 - 6.00, Monday to Saturday, with a 24 hour
message answering service. You can also order through our website:
www.hoddereducation.co.uk

British Library Cataloguing in Publication Data
A catalogue record for this title is available from the British Library

ISBN-10: 0 340 81661 9
ISBN-13: 978 0 340 81661 5

Second edition 2004
Impression number 10 9 8 7 6 5 4
Year   2010 2009 2008 2007 2006 2005

Typeset by Transet Ltd, Coventry, England.
Printed in Great Britain for Hodder & Stoughton, a division of Hodder
Headline, 338 Euston Road, London NW1 3BH by CPI Bath

CONTENTS

Key to Exercises

Unité 1

Activité 4
1 Bonjour!
2 Bonjour, monsieur!
3 Bonjour, madame! / Bonjour!
4 Bonjour, madame!
5 Bonsoir, madame!
6 Bonsoir, mesdames!

Activité 6: see recording transcript, page 53.

Activité 7
2 suis / êtes, m'appelle / suis, Heureuse de faire votre connaissance.
3 je m'appelle / je suis, Enchanté, Heureuse, votre connaissance.

Activité 8
suis / m'appelle, vous, Enchantée, heureux.

Activité 9: see recording transcript, page 54.

Activité 12
1 Ça ne va pas bien.
2 Très bien, merci.
3 Oui, ça va très bien!
4 Pas trop mal. Et toi?

Activité 17

3 C'est mon ami, Charles, et mon mari, Michel.
4 C'est mon frère, Alex, et ma sœur, Anita.
5 C'est mon chat, Tomy.

Activité 19: see recording transcript, page 56.

EN PRATIQUE

1

a) la place
b) l'hôtel
c) l'Office du Tourisme
d) la Mairie
e) le magasin
f) la poste

2

a) les boulangeries
b) les boucheries
c) les cafés
d) les hôtels

3

a) mon hôtel
b) ma sœur
c) mes amis
d) mon magasin
e) mon ami
f) ma maison
g) mes amies
h) mon jardin
i) mon / mes fils
j) mes collègues
k) ma femme
l) mon mari
m) mon amie
n) mes filles
o) mon chien

Unité 2

Activité 2

– Duncan est (anglais)?
– Non, il est écossais.

– Marie est (américaine)?
– Non, elle est canadienne.

– Steven est (anglais)?
– Non, il est gallois.

– Fernando est (espagnol)?
– Non, il est portugais.

– Carla est (portugaise)?
– Non, elle est espagnole.

– Antonia est (française)?
– Non, elle est italienne.

Activité 3: possible answers

Le baladeur est japonais.
La hi–fi est allemande.
Le vin est français.
Le fromage est irlandais.
Le téléviseur est anglais.
L'ordinateur est américain.
La bière est suisse.

Activité 4

NAME	NATIONALITY	TOWN OF ORIGIN
Sandra	English	Manchester
Maria	Italian	Bari
Carole	French	Marseille

Activité 5: see recording transcript, page 56.

Activité 6: see recording transcript, page 57.

Activité 9: possible answers

A Vous avez un chien?
B Non, je n'ai pas de chien, j'ai un chat.

A Vous avez un répondeur automatique?
B Non, je n'ai pas de répondeur automatique.

A Vous avez un téléphone?
B Oui, j'ai un téléphone.

A Vous avez un magnétoscope?
B Non, je n'ai pas de magnétoscope.

A Vous avez une hi fi?
B Oui, j'ai une hi fi.

B Vous avez un salon?
A Oui, j'ai un salon.

B Vous avez un téléviseur?
A Oui, j'ai un téléviseur.

B Vous avez un chat?
A Non, mais j'ai deux chiens.

B Vous avez un magnétoscope?
A Oui, j'ai un magnétoscope.

B Vous avez un ordinateur?
A Non, je n'ai pas d'ordinateur.

B Vous avez un répondeur automatique?
A Oui, j'ai un répondeur automatique.

Activité 10

Prénom	1 Helmut	2 Michael	3 Arnauld	4 Julia	5 Andrée
Âge	26	30	33	21	45
Nationalité	allemand	anglais	français	espagnole	canadienne
Enfants	2	0	3	0	1
Âge(s) des enfants	6 et 3	0	9, 7, 5	0	22
Situation de famille	marié	marié	séparé	célibataire	divorcée

Activité 11

Jacques is Belgian.
Yves is French.
Jacques' wife is French.
Yves' wife is Belgian.
Jacques has two children.
Yves has one child.
Jacques has 2 girls – 4 and 6 years old.
Yves has a boy aged 7.

Activité 13

1	c)	6	d)
2	a) or g)	7	e)
3	f)	8	a) or g)
4	b)	9	h)
5	i)		

Activité 14

a) M. et Mme Benamou
b) M. et Mme Goujon
c) M. Seyrac
d) Mme Vandeck

Activité 16

Voici Jacques. Il est mécanicien.
Voici Jacqueline. Elle est femme au foyer.
Voici Marie. Elle est employée de bureau.
Voici Anne. Elle est secrétaire.
Voici Philippe. Il est ingénieur.
Voici Françoise. Elle est retraitée.
Voici Simon. Il est médecin.

Activité 17: possible answer

Candidate No 3 because she has five years' experience in marketing and speaks English and German.

EN PRATIQUE

1

a) un magasin
b) un ami
c) une maison
d) une femme
e) une boulangerie
f) un chat
g) une fille
h) un père
i) une boucherie
j) un jardin
k) un médecin
l) une famille

2

a) Mary est anglaise mais Hugh est écossais.
b) Nous, Carla et Maria, nous sommes italiennes et vous, vous êtes espagnol(e)(s)?

c) Elle est grecque.

d) Fiona, vous êtes irlandaise?

e) Jean et Marie sont français.

3

a) Paul est gallois. Il est gallois.

b) Mon médecin est écossais. Il est écossais.

c) Ma collègue est heureuse. Elle est heureuse. Ma voiture est française. Elle est française.

d) Le directeur est veuf. Il est veuf.

e) La bière est belge. Elle est belge.

f) Le baladeur est japonais. Il est japonais.

4

a) Il est professeur.

b) Elle est médecin.

c) Nous sommes femmes au foyer.

d) Je suis représentant(e).

e) Il est comptable.

f) Elle est retraitée.

5

a) Ma fille a huit ans.

b) Je ne suis pas seule.

c) Nous sommes irlandais.

e) Tu es étudiante, Sophie?

f) Fleur et Vincent sont étudiants.

g) Vous avez un chien?

h) Il a soixante ans.

i) Elle est professeur.

Unité 3

Activité 2

Redport
6 cinemas
2 swimming pools
7 tennis courts
4 beaches

Activité 4

À Saint Léonard de Noblat …
1   … il y a un parc (de loisirs).
2   … il y a un tennis.
3   … il y a des musées.
4   … il n'y a pas de plage.

Activité 7: suggested questions

Avez-vous une plage?
Avez-vous un aérodrome?
Avez-vous des restaurants?
Avez-vous un tennis?
Avez-vous un cinéma?

Activité 8: suggested answers

– Je suis (give your name), voici ma femme / mon mari / mon amie
  (give his / her name).
– Oui, nous sommes américain(e)s / non, nous sommes anglais(es) /
  suisses / de Genève (add your own nationality / town)
– Oui, elle s'appelle Emma.
– Oui, nous avons un fils, Pierre, mais il n'est pas ici.
– Avez-vous un centre de loisirs en ville?
– Avez-vous des restaurants?
– Il y a un cinéma?

Activité 10

À Biarritz il fait très chaud en été, il ne fait pas très froid en hiver.
À Grenoble il fait très chaud en été, il fait très froid en hiver.
À Lille il ne fait pas très chaud en été, il fait froid on hiver.
À Marseille il fait très chaud en été, il ne fait pas très froid en hiver.
À Nice il fait très chaud en été, il ne fait pas très froid en hiver.
À Paris il ne fait pas très chaud en été, il fait très froid en hiver.

À Biarritz il pleut beaucoup en été, il pleut beaucoup en hiver.
À Grenoble il pleut beaucoup en été, il pleut beaucoup en hiver.
À Lille il pleut en été, il pleut en hiver.
À Marseille il ne pleut pas beaucoup en été, il pleut en hiver.
À Nice il ne pleut pas beaucoup en été, il pleut beaucoup en hiver.
À Paris il pleut en été, il pleut en hiver.

Activité 11

PARIS	LONDRES	BORDEAUX	ROME
		chaud	chaud
	pluie		
		soleil	
vent			vent
température	température	température	température
15°	12°	22°	26°

Activité 16: see recording transcript, page 60.

Activité 17

24, 19, 38, 45, 17, 30; grille no. 3

EN PRATIQUE

1

a) Il y a un cinéma en ville? Non, il n'y a pas de cinéma en ville.
b) Il y a un bar ici? Non, il n'y a pas de bar ici.
c) Il y a une plage? Non, il n'y a pas de plage.
d) Il y a des tennis là-bas? Non, il n'y a pas de tennis là-bas.
e) Vous avez une piscine? Non, je n'ai pas de piscine.
f) Avez-vous un site web? Non, nous n'avons pas de site web.

2

a) à
b) dans
c) en
d) dans
e) à
f) en

3

Suggested answers:
a) Il fait très chaud en juillet.
b) Il pleut en mars.
c) Il fait froid en janvier.
d) Il fait beau mais il pleut en avril.
e) Il fait beau en mai.
f) Il pleut et il fait du vent en octobre.

4

a) Ont-ils des enfants?
b) Y a-t-il une plage?
c) Fait-il beau à Dijon?
d) Sont-elles italiennes?
e) Avez-vous le courrier électronique?

FAISONS LE POINT!

1

a. Introduce yourself? Je suis / Je m'appelle
b. Give your nationality? Je suis + adjective of nationality and the right masculine or feminine form e.g. Je suis américaine or Je suis américain, Je suis gallois or Je suis galloise
c. Say where you come from? Je viens de + name of the country and the town (or just the town) / Je suis de + name of the country and the town (or just the town)
d. Give your age? J'ai (add the number here) ans
e. Say whether you are married or not? Je suis mariée (for a woman) or Je suis marié (for a man)
   or Je ne suis pas mariée (for a woman) or Je ne suis pas marié (for a man)
f. Say whether you've got a husband / wife and (how many) children? J'ai un mari, et (deux) enfants
   or J'ai une femme, et (deux) enfants
g. Say your telephone number? Mon numéro de téléphone est le…
h. Say what your job is? Je suis + (job title in French e.g. Je suis secrétaire)
i. Give a brief written or spoken description of your town? Il y a … / Il n'y a pas …

2

a. le café
b. ma femme
c. mon mari
d. les enfants
e. mes filles
f. mon fils
g. une maison
h. deux chambres
i. mes amis

3

a. nous avons un jardin: 2
b. ils ont une maison à Nice: 4
c. je suis en vacances: 9

d. j'ai 24 ans: 8
e. elles ne sont pas heureuses / elles ont une maison à Nice: 1
f. vous êtes veuves?: 3
g. il est espagnol: 7
h. tu es étudiant?: 5
i. elle est écossaise: 6

4

a. Nous ne sommes pas en vacances.
b. La bière est allemande mais le vin est français. / Le vin est français mais la bière est allemande.
c. Ma fille a 12 ans.
d. Il pleut beaucoup à Manchester.
e. Il n'y a pas de piscine mais il y a deux cinémas. Il y a deux cinémas mais il n'y a pas de piscine.

5

Hello!, my name is Claude, I am 35. I am French, I come from Toulouse but my husband, Keith, is Scottish. I am a secretary and he is a sales representative. We have two children, they are 7 and 10. Here is my house. My garden is very big but there is no swimming pool. It rains a lot in winter here, and in summer too, and it's always cold.

Unité 4

Activité 1

1 6
2 one euro
3 in the square

Activité 2

Une bouteille de lait (the bottle of milk shown on the photo did not get to your friend!)

Activité 3: see recording transcript, page 61.

Activité 5

1 gros melon à 2,30 €
  pas de tomates
1 kilo de pêches à 2,20 €

Activité 6

1 kilo de tomates (bien mûres) 3 €
1 kilo de pommes 3, 50 €
1 kilo de pêches 3, 25 €
1 gros chou-fleur 4 €
3 kilos de pommes de terre 3 €
Total 16,75 €

Activité 7

1	grande	6	petit
2	petite	7	grande
3	grosse	8	grand
4	petite	9	grosses
5	grosses	10	grand

Activité 9

1 b)   2 b)   3 b)

Activité 10: possible answers

Je voudrais deux pièces d'un euro pour une pièce de deux euros, s'il
vous plaît.
Je voudrais quatre billets de cinquante euros pour un billet de deux
cents euros, s'il vous plaît.

Activité 11

1 gratuit
2 offre spéciale
3 une glacière

4 prix écrasés
5 compris (accessoires compris)
6 une calculatrice solaire

Activité 12

1 a cool box
2 the accessories
3 4 packets
4 105 €
5 a kilo of top quality steak and packet of herbs, 3 peppers and 6 ripe tomatoes
6 at the meat counter of Hypersup (au comptoir boucherie)

Activité 13

Je déteste l'ambiance.
Je n'aime pas les grands magasins.
J'aime les fleurs. J'aime le service personnalisé.
J'adore les marchés.

Activité 16

Christian préfère les grandes voitures confortables.
Jacques préfère les voitures compactes et rapides.

Activité 21

1 44
2 the style
3 she can try the jumper on
4 the black one
5 credit card or cheque

Activité 22: see recording transcript, page 64.

EN PRATIQUE

1

a) Trois cartes (postales) à cinquante centimes.
b) Une bouteille de vin à cinq euros.
c) Une télécarte à dix euros.
d) Deux paquets de biscuits à un euro trente.
e) Cinq timbres à quarante-six centimes, s'il vous plait.
f) Les pulls à soixante dix-sept euros.

2

a) J'ai quatre beaux melons aujourd'hui.
b) Regardez, les pêches sont belles aussi.
c) Je voudrais un beau chou, s'il vous plaît.
d) Les poires sont bien mûres.
e) Les oranges ne sont pas très grosses.
f) Une grande boîte ou une petite boîte?

3

a) À Redport il y a des cinémas et des plages.
b) Vous avez du fromage anglais?
c) Ils n'ont pas d'eau gazeuse.
d) Vous avez des bouteilles d'eau?
e) Il n'y a pas de grands paquets.
f) Je veux des pêches bien mûres.
g) Nous n'avons pas de voiture.
h) Ils ont des timbres.

4 a) 3; b) 4; c) 2; d) 1; e) 5; f) 6.

5

a) ces chocolats
b) ces pêches
c) cette boîte
d) cette pêche blanche
e) ce paquet
f) ces timbres
g) cette épicerie
h) cet hôtel

Unité 5

Activité 1

1 £300
2 passport
3 at the cash dispenser
4 300 € from a cash dispenser outside
5 near the post office

Activité 2: see recording transcript, page 65.

Activité 3

Beach? 5 km of fine sand.
Restaurants? An impressive list of simple or gastronomic restaurants.
Museum on Sundays? Yes, the military museum is open every day.
Dancing? There are remarkable facilities in the luxury hotels.

Activité 4: possible answer

Si vous êtes sportif il y a des tennis couverts, des pédalos et des planches à voile; nous avons aussi un centre équestre.
Si vous n'aimez pas les hôtels, nous proposons un hameau de gîtes et le camping de Jonas.
Si vous avez des enfants, vous pouvez aller à la plage surveillée.
Si vous n'aimez pas le sport, nous avons un bar et un salon TV.

Activité 6

1 Vrai
2 Faux
3 Vrai
4 Faux

Activité 9

1 A house with 3 bedrooms and a big garden.
2 Two weeks next summer.
3 4.
4 8 and 10.

Activité 10: possible answer

Nous avons l'intention de passer nos vacances dans la Sarthe et nous voulons louer un gîte rural pour une semaine l'été prochain. Nous sommes six. Nous voulons une maison avec 4 chambres et un lit d'enfant, un garage et un petit jardin. Auriez-vous l'obligeance d'envoyer des informations sur la région? Je vous prie d'agréer, monsieur, mes salutations distinguées.

Activité 11

1 Faux
2 Vrai
3 Vrai
4 Faux
5 Vrai

Activité 12: possible answer

Au rez-de chaussée il y a une cuisine, une salle de séjour, une salle à manger avec une cheminée, un couloir, un escalier et un garage.
Au premier étage il y a un balcon, quatre chambres, une salle de bains, un couloir.

Activité 13

1 No, it's quite new.
2 7
3 big, lots of trees, automatic watering
4 4 + 4
5 Yes

Activité 14: possible answer

You – Il y a deux chambres, une grande et une petite.
You – Oui, c'est moderne.
You – Non, il n'y a pas de jardin.
You – Oui, c'est à 100 mètres des magasins

Activité 16

une résidence principale – Oui; un château – Non;
un appartement – Non; une vieille maison rénovée – Non;
une maison moderne – Oui.

EN PRATIQUE

1

a) Est-ce qu'elle aime les chocolats noirs?
b) Est-ce que vous préférez les restaurants simples?
c) Est-ce que nous pouvons visiter le musée?
d) Est-ce qu'ils ont une voiture rapide?
e) Est-ce que vous voulez un dépliant?
f) Est-ce que je peux retirer de l'argent?
g) Est-ce que le centre de loisirs est fermé?
h) Est-ce que vous avez une carte Visa?

2

a) Nous voulons organiser un rendez-vous.
b) Ma femme veut louer un gîte.
c) Je peux envoyer le dépliant.
d) Est-ce que vous voulez un appartement en ville?
e) Tu veux jouer dans le jardin?
f) Nous pouvons retirer de l'argent à la billetterie.
g) Ils peuvent aller au restaurant quand ils veulent.

3

a) à la piscine
b) à la plage
c) au distributeur automatique
d) à l'hôtel
e) aux touristes

4

Chers amis,

Mon mari et mes enfants sont enfin en vacances. Cette année nous allons à la montagne. Mes parents ont un chalet dans les Alpes, mais notre vieille voiture n'aime pas beaucoup la montagne!

Nos vacances sont très calmes: notre fille et son ami adorent les longues promenades et notre fils et son amie jouent au tennis tous les jours. Leurs vacances sont très actives! Et vos vacances? Est-ce que vous allez à l'étranger?

Ci-joint, mon adresse.

Bien à vous.

Unité 6

Activité 2

1   4 €

2   1 cassette

3   up to 4

Activité 3

Alors 2,80 € c'est pour … l'orange pressée.

– 1,80 € c'est pour la menthe à l'eau.

– 2,55 € c'est pour le demi (bière).

– 2,00 € c'est pour le grand crème.

– Ça fait 9,15 € en tout.

– Oh! le service n'est pas compris … combien pour le service?

Service non compris quinze pourcent, ça fait dix euros cinquante-trois.

Activité 5

- Brochettes d'agneau avec ratatouille niçoise
- au fromage
- au jambon
- nature

Activité 7

1 smoked salmon
2 a fish starter (crayfish)
3 duck with bacon
4 sorrel
5 fillets of duck
6 pears
7 no (shellfish / seafood)

Activité 8

1 e), 2 a), 3 f), 4 b), 5 d), 6 c).

Activité 9

- Jeudi 15, déjeuner
- 3 personnes

Activité 10: see recording transcript, page 68.

Activité 15

1 truite aux amandes
2 pâtés de porc en croûte
1 médaillon de saumon à l'orange
1 rôti de marcassin
1 pot-au-feu à la poularde

Activité 20: possible answer

S'il vous plaît! Je n'ai pas de fourchette.
S'il vous plaît! Il y a une erreur dans l'addition.
S'il vous plaît! Nous n'avons pas de pain.
S'il vous plaît! Mon verre est sale.
S'il vous plaît! Il n'y a pas de sel.
S'il vous plaît! Nous n'avons pas de vin.

EN PRATIQUE

1

a) Je vends des glaces en été.
b) Ils prennent des sandwichs au jambon.
c) Vous vendez des timbres?
d) Nous prenons le journal tous les jours.
e) Elles vendent des légumes au marché le dimanche.

2

a) Quel fromage?
b) Quel vin?
c) Quels musées?
d) Quelles voitures?
e) Quel journal?
f) Quels chocolats?

3

a) Non, je ne prends jamais de pâté.
b) Non, je ne prends jamais de bière.
c) Non, il ne mange jamais de viande rouge.
d) Non, nous ne prenons jamais d'apéritif.
e) Non, je ne prends jamais de vin.
f) Non, je n'ai jamais faim.
g) Non, je n'ai jamais d'argent.

4

a) Elle ne boit jamais de vin.
b) Je ne bois pas de vin rouge.
c) Nous ne mangeons jamais de porc.
d) Mon mari ne mange jamais de viande.
e) Je ne prends jamais d'apéritif.

5
- prenez
- bois
- choisissez
- prends
- choisis

FAISONS LE POINT!

I

a. Est-ce que vous avez / est-ce qu'il y a des journaux anglais, s'il vous plaît?

b. C'est combien, s'il vous plaît?
   Voici / voilà un billet de vingt euros. Excusez-moi, je n'ai pas de monnaie.

c. J'aime le vin rouge mais je n'aime pas le vin blanc.

d. Je préfère le fromage anglais.

e. Je voudrais un crème, s'il vous plaît.

f. Qu'est-ce que vous prenez?

g. L'addition, s'il vous plaît.

2

a. nous finissons
b. ils répondent
c. vous aimez
d. elle préfère
e. je vends
f. tu cherches
g. elles choisissent
h. vous finissez
i. je déteste
j. nous attendons

3

a. Could you please send us a brochure?

b. Yours sincerely / Yours faithfully

c. Please find enclosed a brochure about the flat for rent at Berville.

5

a. Vous aimez le foie gras?
    Est-ce que vous aimez le foie gras?
    Vous n'aimez pas le foie gras.

b. Votre femme aime la ville?
    Est-ce que votre femme aime la ville?
    Votre femme n'aime pas la ville.

c. Il aime le whisky?
    Est-ce qu'il aime le whisky?
    Il n'aime pas le whisky.

6

Je voudrais retirer de l'argent.
On veut des chocolats noirs.
Nous voulons une voiture rapide.

Vous voulez louer un appartement? Est-ce que vous voulez louer un appartement?
Tu veux jouer sur la plage? Est-ce que tu veux jouer sur la plage?
Vous voulez aller au restaurant? Est-ce que vous voulez aller au restaurant?

Unité 7

Activité 2

B Il est deux heures vingt / quatorze heures vingt, vite, le prochain train pour Paris part à quatorze heures vingt-six.

C Il est quatre heures moins le quart / trois heures quarante-cinq / quinze heures quarante-cinq, vite, le prochain train pour Paris part à quinze heures quarante-neuf.

D Il est cinq heures et demie / dix-sept heures trente, vite le prochain train pour Paris part à dix-sept heures trente-quatre.

E Il est huit heures moins cinq / dix-neuf heures cinquante-cinq, vite, le train pour Paris part à huit heures / vingt heures.

Activité 3

a) 10 h 30

b) 11 h

c) 11 h 30

d) midi

e) 13 h

f) 14 h à 16 h

g) 19 h

Activité 4

À neuf heures quinze j'ai rendez-vous avec le Directeur de Marketing.

À dix heures je visite la Chambre de Commerce.

À dix heures quarante-cinq j'ai un rendez-vous avec Eric.

A douze heures trente je dîne avec des collègues de Londres.

De quatorze heures à dix-sept heures j'organise une présentation avec l'équipe.

À dix-sept heures trente j'achète un cadeau pour Mary.

Activité 6

de Cherbourg 14.08 15.08; arrivée à Paris St-Lazare 18.13 19.07

Activité 8

1 Through the Internet, by telephone or Minitel.

2 You can book a seat as well and it's free of charge.

3 No, times indicated in the leaflet are subject to change.

4 Yes; the train does not run on Sundays.

5 No, it does not run on 14th August.

Activité 9: suggested answer

Bayeux ... le 16 ... juillet

Chers André et Charlotte,

Voici les heures des trains au départ de Paris vers 15h.

Il y a un train à 14.57: il arrive à Bayeux à 17.01.

Il y a un autre train à 16.00: il arrive à la gare de Bayeux à 18.01.

Après, il y a un train à 17.08 – mais c'est un peu tard – il arrive à Bayeux à 19.11.

Activité 10

1 yes
2 return tickets
3 three
4 yes, there is a restaurant car and a refreshments trolley
5 3
6 on the departure board

Activité 11

| 1 a) | 3 b) |
| 2 b) | 4 a) |

Activité 12: see recording transcript, page 72.

Activité 14

Lisieux				
	PROVENANCE	DESTINATION	HEURE	QUAI
ARRIVÉES	Cherbourg	Paris	16 h 25	3
	Caen	Lisieux	16 h 19	4
DÉPARTS	Lisieux	Carentan	16 h 13	1

Activité 15

1 in fifteen minutes – dans quinze minutes
2 the train leaves in 3 minutes from platform 1
3 if there are luggage trolleys

Activité 16: see recording transcript, page 73.

Activité 18

THE BEST PACKAGE	1. MEANS OF TRANSPORT	2. FINANCIAL REASONS	3. COMPARATIVE LENGTH OF JOURNEY	4. COMFORT/ CONVENIENCE
La famille Dessau	car and tunnel	much more economical than the train	faster than by ferry	more convenient than by train, wife and son suffer from sea sickness, faster than by ferry
Francine LaGorce	coach and ferry	advantageous price	much longer than by train	
Serge Gallet	plane	price not important, then TGV is almost as dear as the plane	the fastest means	the most comfortable means

Activité 19

Business person:
Pour vous le TGV Eurostar est la meilleure formule, c'est presque aussi rapide que l'avion mais c'est moins cher.

Retired couple:
Je recommande le train classique et le bateau: c'est plus confortable que par l'autocar, c'est moins cher que l'avion ou le TGV et vous avez le traversée de la Manche.

EN PRATIQUE

1
a) Il est sept heures trente-neuf.
b) Il est seize heures trente.
c) Il est dix-neuf heures douze.
d) Il est treize heures neuf.
e) Il est vingt-trois heures cinquante-quatre.
f) Il est cinq heures vingt-trois.

2
a) J'en veux trois.
b) J'en loue quatre.
c) Il y en a cinquante-six.
d) J'en prends deux.
e) Il y en a six.
f) J'en veux cinq.

3
1) a) or c)   4) a)
2) f)   5) d)
3) e)   6) b)

4

a) Un hôtel une étoile est moins confortable qu'un hôtel trois étoiles.

b) Prendre l'autocar est moins rapide que voyager par TGV.

c) L'été en Écosse est moins chaud que l'été en Provence.

d) Les Françaises sont plus élégantes que les Anglaises.

e) Londres est plus grand que Paris.

5

a) C'est le restaurant le plus cher.

b) Le bermuda rouge est plus grand que le bermuda jaune.

c) Vous choisissez la formule la plus chère.

d) Cette traversée est moins longue que l'autre.

e) Voyager par avion est le plus rapide.

f) C'est l'hôtel le moins cher.

Unité 8

Activité 1

2 nuits

une grande chambre familiale

chambre 182

Rachid

84 €

Activité 3

1 No

2 the price of a room (half-board) in a 3-star hotel

3 July – high season

4 it is the most expensive hotel but the most luxurious

5 from 52 € to 55 €

Activité 4

1 Le tarif maxi pour une chambre à la Chemenaz est de 88 €.
2 Non, par exemple au Gai Soleil la demi ($^1/_2$) pension est de 43 € et la pension complète est de 50 €.
3 La chambre la moins chère est au Relais du Mont Blanc à 61 €.
4 Oui, le prix de la chambre à l'hôtel Les Moranches est de 43 €, et la chambre à l'hôtel La Chemenaz coûte 76 €.

Activité 6

1 soundproofed, personalised
2 kitchen area, colour TV, direct phone
3 no; private car park and garage
4 photocopying, faxing, Minitel
5 house linen, cleaning service, complete kitchenette.

Activité 8

1 because it offers a stimulating climate and a protected nature area
2 bathing, sunbathing, walks, entertainments, games area, boules area, tennis
3 caravans and mobile homes
4 mains electricity, mains services (toilet, hot water, shower, washbasin, sink), public telephone, mail service, car-park

Activité 10: possible answer

Monsieur, Nous avons l'intention de passer quatre jours dans votre région et nous voulons réserver une chambre double avec bains pour trois nuits, du 17 au 19 juillet. Auriez-vous l'obligeance d'envoyer des renseignements sur les commodités de l'hôtel? Je vous prie d'agréer, monsieur, mes salutations distinguées.

Activité 11

1 le camping municipal c'est le (04) 50 21 40 00.
2 l'Office de Tourisme c'est le (04) 50 23 90 02.
3 le correspondant c'est le (04) 50 78 17 15.

Activité 12

1 Le Chamois – le (04) 50 64 35 78
2 Le Christiana – (04) 50 66 95 70
3 Le Gai Soleil – (04) 50 32 24 96
4 Le Mont Joly – (04) 50 18 29 90
5 La Gelinotte – (04) 50 84 14 07
6 L'Étape – (04) 50 47 78 81

Activité 14

1 Vrai		3 Faux
2 Vrai		4 Vrai

Activité 16

1 05 22 42 62 78
2 marketing manager
3 His project, he would like to visit Francis Seyrac.
4 Will he be free on 20 June?
5 call back
6 04 56 34 96 88

Activité 17

Ici (your name) de la société Twynham.
J'ai rendez-vous avec le directeur à 15 heures aujourd'hui mais je ne peux pas venir.
Je suis désolé, je vous rappelle demain pour fixer un nouveau rendez-vous.

Activité 18: see recording transcript, page 76.

Activité 19: possible answer

Chère Paulette

Je suis désolé, je ne peux pas venir à Vierzon le 7 août; je vais conduire Sandra à Paris et je vais passer la nuit du 7 au 8 à Paris. Je suis de retour le 8 et j'espère venir à Vierzon le 9 août pour le déjeuner.

Activité 20

1   because Jean-Luc can't come to Vierzon
2   9 August is OK for Paulette.
3   He has a full day.
4   He is going to Vierzon on that day and is not too busy.
5   No, 'C'est compliqué pour arranger tout le monde'.

EN PRATIQUE

1

a) Le train va partir dans cinq minutes.

b) Je ne vais pas attendre ici.

c) Nous allons en acheter trois.

d) Est-ce que vous allez rappeler demain?

e) Ils ne vont pas finir aujourd'hui?

f) Nous allons passer deux heures avec le consultant.

g) Il va conduire sa mère à Paris.

h) Vous n'allez pas arriver à quatorze heures.

2

a) Je vais acheter une boîte de chocolats.

b) Nous espérons passer une semaine en France.

c) Je vais vous rappeler.

d) Mon / Ma collègue va vous envoyer le rapport.

e) Nos enfants vont arriver à la gare.

f) Ils espèrent visiter le château.

g) Il ne va pas attendre ici.

h) Est-ce que vous allez passer la nuit à Orléans?

3

a) Nous pouvons vous envoyer …

b) Veuillez nous rappeler.

c) Est-ce que vous pouvez nous vendre …

d) Je peux vous rappeler.

e) Nous voulons vous donner …

4

a) Tu dois aller à Paris demain?

b) Vous devez faire plusieurs visites?

c) Il doit partir dans une heure?

d) Vous devez accepter les cartes de crédit?

e) Elles doivent louer leur maison?

f) Vous devez rappeler tout de suite?

g) Vous devez écrire à Marc?

Unité 9

Activité 1

1	a)	3	b)
2	c)	4	b)

Activité 2: possible answer

Nous prenons l'autoroute A1, nous contournons Paris, nous prenons le périphérique et nous sortons à la porte de Versailles, nous rejoignons l'autoroute A12.

Activité 3

1 they are lost

2 Brioude

3 the D906

4 No, they can by-pass the centre of town.

5 There is a sign.

Activité 4: possible answer

Pour aller au château de Lespinasse vous allez au Puy, vous prenez la D906 puis vous tournez à gauche et vous prenez la D102. Vous continuez tout droit et à Brioude vous tournez à gauche. Le château de Lespinasse se trouve sur votre gauche.

Activité 5

Bas-en-Basset et au château de Valprivas.

Activité 6: possible answers

1 Oui, on quitte l'autoroute à la sortie 12 à Roye.
2 Oui, c'est à 2 km.
3 On sort ici.
4 Oui, c'est bon, on continue tout droit pour Amiens.
5 Non, tu tournes / vous tournez vers la droite.
6 Oui, tu continues / vous continuez tout droit.
7 Tu vas / vous allez vers la gauche.
8 Tu prends / vous prenez ici à droite.
9 Non, tu continues / vous continuez tout droit.

Activité 8

1	g)	7	c)
2	e)	8	k)
3	l)	9	h)
4	f)	10	a)
5	i)	11	d)
6	b)	12	j)

Activité 9

1 orange juice, hot drink of your choice, one croissant
2 Aire de Limours, 10 km after the toll at Dourdan

3 Aire de Ste Maure, 30 km after Tours (in the direction Paris–
   Bordeaux)
4 1 barbeque café route
5 1 fruit tartlet
6 1 Coca-Cola *or* 1 Évian

Activité 10

1 Oui ✓	7 Oui ✓
4 Oui ✓	9 Oui ✓
5 Oui ✓	

Activité 11

le pare-brise, the windscreen, le pneu, the tire / tyre

Activité 12

1 e)	4 b)
2 a)	5 c)
3 f)	6 d)

Activité 13

1 false	3 false
2 true	4 true

Activité 14

1 c)	3 d)
2 b)	4 a)

Activité 16

1 Exit for cars
2 Parking forbidden
3 Yes

4   disabled and deliveries
5   1 hour 30 minutes
6   except Sundays and national holidays
7   Tuesday from midnight (zéro H) to 1 pm

EN PRATIQUE

1

a) il voit
b) vous venez
c) je pars
d) ils vont
e) nous allons
f) je fais
g) tu rejoins
h) nous voyons
i) elles font
j) il vient

k) tu sors
l) vous sortez
m) elle part
n) tu vas
o) je dois
p) il croit
q) nous faisons
r) nous devons
s) nous rejoignons
t) elles partent

2

a) Va voir le médecin!
b) Continuons tout droit!
c) Prenez la première rue à droite!
d) Quitte l'autoroute à la sortie 9!
e) Demandez à la dame!
f) Garons la voiture ici!

3

a) Ne passons pas par Melun!
b) Ne quittez par l'A1 à Senlis!
c) Ne prends pas le périphérique!
d) Ne tournez pas à droite!
e) Ne contournons pas Paris!
f) Ne va pas au supermarché!

4

a) Il faut sortir à la Porte d'Italie!

b) Il faut aller au garage!

c) Il faut rejoindre l'A1 à Nemours!

d) Il faut partir tout de suite!

e) Il faut faire le plein!

f) Il faut venir demain!

5

venez	sommes
vient	aller
allons	devez
crois	rejoignez

FAISONS LE POINT!

1

a. 21 h 15

vingt et une heure quinze

neuf heures et quart

b. 06 h 30

six heures trente

six heures et demie

c. 23 h 45

vingt-trois heures quarante-cinq

minuit moins le quart

d. 22 h 10

vingt-deux heures dix

dix heures dix

e. 11 h 45

onze heures quarante-cinq

midi moins le quart

2

a. Je voudrais un aller-retour pour Dijon, s'il vous plaît.

b. Est-ce que le train de seize heures trente pour Paris circule aujourd'hui?

c. Est-ce que le train de 16 h 30 pour Paris est en retard?

d. Le train pour Dijon part de quel quai, s'il vous plaît?

e. Est-ce qu'il y a une voiture restaurant?

f. Combien de temps dure le vol Paris–Bordeaux?

g. Combien fait le billet pour Bordeaux?

3

a. Quel est votre numéro de téléphone?

b. Je voudrais des renseignements sur les campings.

c. La ligne est mauvaise, est-ce que vous pouvez répéter, s'il vous plaît?

d. Vous avez des chambres moins chères?

e. Je voudrais une chambre plus confortable.

f. Le TGV est aussi rapide que l'avion.

g. C'est la meilleure formule.

4

a. Je voudrais parler à Monsieur Dupont, s'il vous plaît.

b. C'est de la part de qui, s'il vous plaît?

c. Je vais téléphoner à Monsieur Dupont.

d. Nous allons déjeuner au restaurant.

e. Je dois aller à Paris demain.

f. Il faut réserver la chambre.

5

a. Je voudrais une chambre double avec bains.

b. Pour (3) nuits, du (date) au (date).

c. Quel est le prix de la chambre? Est-ce que le petit déjeuner est inclus?

d. Quelles sont les commodités du camping?

6

a. Pour aller à la gare, s'il vous plaît?

b. Tournez à droite, à gauche, continuez tout droit.

c. Prenez l'A21, quittez la route à …, contournez …, rejoignez la B3145 à …

d. Où sont les toilettes, s'il vous plaît?

Unité 10

Activité 1

Nom: AUGERAIX

4 personnes

2 chambres

2 chambres doubles

chambres: 218 et 220.

Activité 3

1   le bureau du directeur, M. Ringard

2   le bureau de Madame Lyon, la secrétaire de direction

3   le bureau du directeur adjoint

4   le bureau de Madame Labègue, la secrétaire

5   le bureau de Monsieur Gillet

Activité 4

1   to park their car

2   nearby, at the Place Darcy

3   because the town centre is for pedestrians only

4   200 / 300 metres

5   20 minutes

Activité 5

1 Prenez la rue de la Liberté, vous arrivez à la Place de la Libération. Vous prenez la 1ère à droite, c'est la rue Vauban.

2 Prenez la rue de la Liberté, continuez tout droit, vous passez deux carrefours, vous continuez pendant 200, 300 mètres et vous arrivez à la Place Darcy.

3 Allez à la Place Darcy, tournez vers la gauche et prenez le Boulevard Sévigné, continuez tout droit et vous avez le Jardin Botanique en face.

4 Allez à la Place Darcy, prenez le Boulevard Sévigné et la gare est sur votre droite.

Activité 8

1 b; 2 c; 3 a; 4 e; 5 d.

Activité 10

1 Vrai
2 Faux
3 Vrai

4 Faux
5 Vrai

Activité 11

1 Getting information on products or services.
2 Downloading computer programmes.
3 Twice as high as their competitors' (*croissance double*).
4 They export twice as much (*deux fois plus exportatrices*).

Activité 13

a) la salle de séjour
b) la première chambre
c) l'arrière cuisine
d) la cuisine

e) la salle à manger
f) la salle de bains
g) la chambre avec lits jumeaux
h) la deuxième chambre avec un lit deux places
i) la chambre avec un lit une place.

Activité 15

1	c	8	j
2	k	9	d
3	f	10	e
4	a	11	m
5	b	12	g
6	i	13	h
7	l		

Activité 17

1 the medicine department
2 at the chemist's
3 as you go out, it's on the left, at the corner of the street
4 aspirin and something for diarrhoea
5 tablets, or syrup
6 tablet
7 2 every 3 hours
8 go and see the doctor if there is no improvement in 3 days

EN PRATIQUE

1
a) la voiture de mon fils
b) les amis de sa femme
c) l'appartement du directeur
d) les chambres de l'étudiant

e) la salle de détente des employés

f) le bureau de M. Gillet

g) le numéro de téléphone de la secrétaire

2

a) La banque se trouve en face de l'hôtel de Ville.

b) Vous prenez la rue au coin de la place.

c) Vous cherchez les WC? Ils sont au fond du couloir.

d) Le rayon poissons est à côté du rayon fromages.

e) Le Supermarché Casino est situé à gauche du magasin de sports.

f) Le parc se trouve à droite des maisons rouges là-bas.

3

a) savez

b) connais

c) connaissez

d) sait

e) connais

f) savent

4

a) le bureau d'information(s)

b) le laboratoire de langues

c) une maison de vacances

d) le directeur de marketing

e) une voiture de sport

5

a) L'église est à 20 minutes d'ici.

b) Le lave-vaisselle est entre l'évier et la machine à laver.

c) Le bureau du directeur est au fond du couloir.

d) Je ne sais pas où se trouvent les clés.

e) Nous connaissons son mari.

Unité 11

Activité 1

1 none
2 a
3 d
4 c
5 b

Activité 2

1 Faux
2 Vrai
3 Vrai
4 Vrai
5 Vrai
6 Faux

Activité 3

1 J'ai regardé un bon film.
2 J'ai organisé une soirée avec des amis.
3 J'ai rangé ma chambre.
4 J'ai acheté un nouveau jean.
5 J'ai travaillé sur l'ordinateur.

Activité 4

1 very well despite the heat
2 2 nights
3 the picturesque village
4 the local cooking
5 visited the area

Activité 5

1 Oui, elle a fait bon voyage.
2 Non, ils ont trouvé un bon hôtel et ont passé deux nuits dans les Alpes.
3 Ils ont visité la région.
4 Oui, les enfants ont adoré le village et Philippe a apprécié la cuisine.
5 Elle a photographié des coins sensationnels.

Activité 6

Hélène a …
attendu le bus
choisi son bureau

Hélène n'a pas …
rencontré son chef
mangé
travaillé beaucoup

Activité 7

a fait / a passé   a choisi
a rencontré   a attendu

Activité 8: possible answers

Est-ce que vous avez travaillé dans le jardin?
Est-ce que vous avez réparé la voiture?
Est-ce que vous avez joué avec les enfants?
Avez-vous regardé la télé?
Est-ce que vous avez fait des promenades?
Avez-vous écouté la radio?
Est-ce que vous avez écouté de la musique?
Avez-vous organisé un dîner pour vos amis?
Est-ce que vous avez fait du bricolage?

Activité 12

<u>Études</u>

1988–1989 ...	DUT – techniques de commercialisation, IUT Le Havre
1984–1986	BTS.
1981–1984	Études. Lycée Edouard Gand (Rouen)

<u>Expérience professionnelle</u>

1997 à ce jour	Société Pernod-Ricard
1991–1997	Société Danone

Activité 14

1 went to the United States because she liked the country
2 spent two years in Chicago
3 six months in a family as an au pair, then she worked
4 18 months in a large company
5 went back to France in September 1988 and went back to university

Activité 15

1 Nous sommes montés à la Tour Eiffel.
2 Nous avons visité Notre Dame.
3 Julien est allé au musée du Louvres.
4 Caroline est allée dans les boutiques de la rue de Rivoli.

Activité 16

1 c	5 c
2 b	6 a
3 c	7 nobody
4 a	8 a

Activité 17

1 Je suis allé dans un restaurant, j'ai mangé avec deux amis.
2 Je suis allé au cinéma, j'ai regardé 'Évasion'.
3 Non, deux amies sont venues avec moi.
4 Nous sommes allés au bar, 'Chez Paul', nous avons rencontré des amis et nous sommes restés jusqu'à onze heures / vingt-trois heures.
5 Mes amis sont venus à mon appartement, nous avons écouté de la musique, nous avons parlé; mes amis sont restés jusqu'à deux heures du matin.

Activité 18

lundi, Robert a rencontré / vu le directeur de marketing
mardi, il a visité l'usine à Rouen entre 9 heures et 12 heures, à trois heures il a rencontré / vu des clients
mercredi, Robert a téléphoné à Milan (pour organiser une visite en juin)
jeudi, Robert est allé à une conférence de 2 à 6 heures

rnardi, Françoise est allée au cercle français à 19h 30
mercredi, elle est allée chez Pauline à 18h 00
jeudi, elle est restée chez elle (à la maison)
vendredi, les Thibaut sont venus dîner à 20 h 00

EN PRATIQUE

1

a) nous avons cherché
a) j'ai choisi
b) tu as rappelé
c) vous avez vendu
d) il a fait

e) elles ont organisé
f) nous avons entendu
g) vous avez rempli
h) ils ont commandé
i) j'ai étudié

2

a) Vous avez fait le voyage en une journée!
b) Tu as parlé au directeur!
c) Vous avez trouvé les documents dans la voiture!
d) Il a aimé Lille!
e) Tu as choisi la Normandie pour nos / vos vacances!
f) Vous avez passé une semaine à Calais!
g) Tu as vendu ta voiture!
h) Tu n'as pas fini le travail!

3

a) Ils ont trouvé un bon restaurant.
b) Le comité de jumelage a organisé un repas pour les visiteurs français.
c) J'ai rappelé.
d) Nous avons terminé le dîner à 9 heures du soir / 21 heures.
e) Avez-vous fait bon voyage?
f) Ils n'ont pas vendu beaucoup de billets.
g) Avant de partir nous avons choisi un itinéraire intéressant.
h) Philippe a adoré la région.

4

a) sommes allés   e) ont habité
b) sont partis   f) sont allées
c) a fait   g) n'avons pas choisi
d) êtes rentrées   h) ont quitté

Unité 12

Activité 1

1 Jean-Claude est né à Tignes.
2 Jean-Claude va avoir cinquante ans.
3 Il a fait du ski pour la permière fois à quatre ans.
4 Il n'a pas eu de résultats remarquables à l'école.

Activité 2

1 Jean-Claude a retrouvé une autre carrière après dix ans de compétition.
2 Jean-Claude n'est pas arrivé premier en 1970.
3 Il n'a pas de regrets pour le monde du sport.
4 Jean-Claude a plusieurs magasins de sports.
5 Jean-Claude a épousé une amie d'enfance.
6 Jean-Claude a quitté la compétition il y a quinze ans.
7 Le secteur du sport a toujours passionné Jean-Claude.

Activité 3

1 in Guadeloupe, a small fishing port near Sainte-Anne
2 4 brothers and sisters
3 to write some short stories
4 1959
5 Philosophy and history
6 30 years ago
7 in 1970

Activité 4

1 Alors là c'est David. Il est né en 1959, il a deux ans sur cette photo.
2 Là, c'est David et son frère, ils sont allés au lycée à Brighton, ils sont restés cinq ans là-bas; ils ont obtenu d'excellents résultats / des résultats excellents.

3 David est allé à l'université de Keele, il a étudié le français et l'histoire. Ici, il est avec ses amis, ils ont fait une excursion dans les Pennines, je crois que cette étudiante-là, c'est Rachel, sa future femme.

4 Il a épousé Rachel en 1984, ils ont habité à Birmingham deux ans, ensuite ils sont retournés à Keele.

Activité 5

1 1535
2 not really
3 he gave the château to Diane de Poitiers
4 the Italian garden and the bridge on the river Cher
5 the king died and Catherine de Medicis took back the château
6 a gallery above the bridge

Activité 6

1 Diane de Poitier's room
2 a fireplace
3 a military hospital
4 right through the middle of the gallery
5 to the first floor

Activité 7: possible answer

Le Château de Dombières est situé a 22 km à l'Ouest de Paris. Avant la révolution de 1789 le comte de Hautefeuille a acquis le château. En 1792 la famille a émigré en Angleterre. Pendant 20 ans, après le départ de la famille de Hautefeuille, le château est resté fermé. En 1812 les Ponsot, riches fabricants de meubles ont acheté le château et il est passé de père en fils jusqu'à la Deuxième Guerre mondiale. Les bombes allemandes ont endommagé le corps principal. Quelques années après la fin de la Deuxième Guerre, la famille Ponsot a resturé le Château.

En 1998, un consultant M. Paget a acquis le demeure et a rénové l'intérieur. Le château est maintenant complètement rénové et offre des prestations exceptionnelles: 5 salles de séminaires (de 10 à 100 places), 20 chambres tout confort et un restaurant gastronomique.

Activité 8
Five centuries ago, the small village of Reysac became a large, very lively market town with its (own) annual fair.
Sixty years ago, with the end of World War II, the town began a new phase of development.
But Reysac kept some thriving craftsmanship which, to this day, makes the name of the region.
Since the 1990s a new revolution has marked the town which has welcomed several firms and which offers today some very attractively priced sites in its business park created five years ago.
For several years rural tourism has brought life back to the small villages round Reysac.

Activité 10: see recording transcript, page 87.

Activité 11
1 1995
2 Ce sont les robots qui fabriquent une grande partie de la voiture.
3 la R19
4 3 000 000
5 Une lunette arrière parfaitement verticale et un coffre massif.
6 Des conducteurs qui désirent une voiture compacte mais spacieuse.

EN PRATIQUE

I

a) La famille Ponsot a habité le château il y a cinquante ans.

b) Josiane est allée aux États-Unis il y a huit ans.

c) Il y a environ dix ans la ville a accueilli les premières entreprises d'électronique.

d) Il y a longtemps, le village est devenu un bourg animé.

e) Il y a quelques mois, nous avons passé une dizaine de jours dans les Alpes.

f) Mes amis sont venus passer le week-end il y a peu (de temps).

g) J'ai parlé au directeur il y a quelques minutes.

2

a) Il skie depuis l'âge de quatre ans.

b) J'habite cette maison depuis longtemps.

c) Martine travaille au département des ventes depuis 2003.

d) Nous attendons Luc depuis une heure.

e) Mes parents sont ici depuis deux semaines.

f) Je cherche l'hôtel depuis une demi-heure.

g) Nous louons ce chalet depuis plusieurs années.

3

ont créé, est née, a développé, ont voulu, ont décidé, sont apparus, achète, aime, va pénétrer, vont modifier.

FAISONS LE POINT!

I

a. Le bureau du directeur est à côté du bureau de la secrétaire.

b. La salle est en face de l'ascenseur.

c. Ma maison est derrière la gare.

d. Mon bureau est au fond du couloir à gauche.

2

a. Est-ce que la gare est loin d'ici?

e. Vous utilisez un moteur de recherche … vous tapez l'adresse … le site s'affiche sur l'écran … vous cliquez avec votre souris pour naviguer …

f. J'ai mal aux dents.

3

a. 1

b. 4

c. 6

d. 7

e. 3

f. 5

g. 2

4

a. est né

b. avons attendu

c. ne sont pas partis

d. sont retournées

e. a fini

5

a. J'ai fait bon voyage.

b. J'ai passé deux semaines dans les Alpes.

c. Je n'ai pas travaillé hier.

d. Je suis allé(e) aux États-Unis en 2003.

6

a. je suis né(e) à …

b. j'ai fait mes études à …, j'ai étudié …

7

a. I have been studying French since September.

b. There are a lot of companies in the town.

c. His father spent two years in the United States during World War II.

d. We went to Corsica two years ago.

e. Have you been living here long?

SUPPORT BOOK
Recording Transcripts

Unité 1

Activité 1

1
- Bonjour, monsieur.
- Ah! Bonjour, Madame LeGoff.

2
- Madame Gonthier?
- Oui, Mademoiselle Brown?
- Oui! Bonjour, Madame Gonthier.
- Bonjour, Mademoiselle Brown.

3
- Bonsoir, monsieur.
- Bonsoir, monsieur.

Activité 2

- Bonjour, mademoiselle.
- Bonjour, monsieur.

- Bonjour, madame.
- Bonjour, monsieur.

- Bonsoir, monsieur.
- Bonsoir, madame.

Activité 3

- Bonsoir, monsieur. Bonsoir, madame.
- Bonsoir.
- Le menu, monsieur.

- Salut, Jean!
- Salut, Marie!
- Salut, Paul!

- Bonsoir!

Activité 5

1
- Bonjour, je m'appelle Madeleine Juré. Et vous êtes … ?
- Je suis Jacques Doucet.

2
- Bonjour, je m'appelle Béatrice Boulanger. Et vous êtes … ?
- Enchanté, madame, Je m'appelle Christian Delecroix.
- Enchantée, monsieur.

Activité 6

- Je suis Bertrand Cellier.
- Enchanté(e).

- Je m'appelle Lousie Tétu.
- Enchanté(e).

- Bonjour, je suis Christophe Degrave. Et vous êtes … ?
- Je suis Bertrand Cellier. Enchanté.

Activité 7

1
- Bonjour, madame! Je suis Jean Darant, Maire d'Azay-l'Église.
- Ah! Je suis Catherine Heathcote. Enchantée, Monsieur le Maire.
- Heureux de faire votre connaissance! Bienvenue à Azay-l'Église, madame.

Activité 9

- Là, c'est l'hôtel.
- Et là?
- Au, oui; ça, c'est l'Office du Tourisme … et voici l'Hotel de Ville et la poste … et voilà les magasins; la boulangerie, la boucherie et, mm, voici, le café.

Activité 11

1
- Bonjour, monsieur.
- Bonjour, madame.
- Comment allez-vous?
- Très bien, merci. Et vous?
- Bien, merci.

2
- Bonjour! Ça va?
- Oui, ça va. Et toi?
- Pas trop mal, merci.

3
- Madame Toutais?
- Oui, bonjour, docteur.
- Bonjour, madame. Comment allez-vous?
- Oh, ça ne va pas bien, docteur.

Activité 13

1
- Vous êtes Monsieur Grandet?
- Non, je ne suis pas Monsieur Grandet. Je suis Jean-Jacques Toubon.
- Pardon, monsieur.

- Vous êtes Monsieur Grandet?
- Oui, ah … Madame Hart? Comment allez–vous?
- Ça va bien, merci. Et vous?
- Très bien, merci.

2
- Vous êtes Christophe Delecroix?
- Non, madame, je ne suis pas Christophe Delecroix. Je suis Fabien Donnet.
- Oh! pardon, monsieur.

Activité 15

JEAN   Bonjour, Jacques! Voici Louise, ma femme.
JACQUES   Enchanté!
LOUISE   Enchantée!
JEAN   Et voici mes enfants: mons fils Vincent, ma fille Mélanie.
ENFANTS   Bonjour!

Activité 16

Voici ma maison et mon jardin.
Voici ma femme.
Et voici mon amie, Sandra.
Voici mon fils Alex et ma fille, Lucy.

Activité 18

1
- Au revoir, monsieur.
- Au revoir, madame.

2
- Bonsoir, madame. À bientôt.
- Bonsoir, madame.

3
- Au revoir, Gilles. Au revoir, Sylvie. Bon voyage!
- Au revoir, Michel, Anne. À bientôt!

4
- Salut!
- Salut! À demain!

Activité 19

- Bonsoir, monsieur.
- Bonsoir, madame.
- Au revoir!
- Au revoir, Anne-Marie. À demain!
- Salut!
- Salut, Édouard. À bientôt.

Unité 2

Activité 1

- Une bière?
- Non, merci.
- Un coca?
- Euh … oui. Merci.
- Vous êtes anglaises?
- Non, nous sommes américaines. Et vous, vous êtes français?
- Oui, je suis français, mais mon ami est italien.

Activité 4

- Bonjour mademoiselle, vous êtes anglaise?
- Bonjour. Oui. Je m'appelle Sandra et je suis anglaise. Je viens de Manchester.
- Et vous, mademoiselle, vous êtes …
- Je suis Carole et je suis française. Je viens de Marseille.
- Et vous, Maria, vous êtes italienne?
- Oui, je suis italienne, j'habite Bari.

Activité 5

- Vous êtes américain?
- Je suis anglaise, je viens d'Oxford. Vous êtes français?

- Oh non! Je ne suis pas français, je suis suisse, je viens de Genève. Je m'appelle Klaus.
- Je m'appelle Sarah. Vous êtes suisse?

- Oh non! Je suis française. J'habite Lyon.
- J'habite Londres. (pause) Vous êtes français?
- Non, moi, je ne suis pas français, je suis allemand. Je m'appelle Ulrich.

Activité 6
- Je m'appelle Jean, je suis français, je viens de Lyon et je suis célibataire.
- Je m'appelle Marc, je suis marié, j'habite Genève mais je ne suis pas suisse.
- Je m'appelle Marie, je viens de Lille et je suis divorcée.

Activité 8
1
- Vous avez *Le Monde*, madame?
- Non, mais j'ai *Le Figaro*.

2
- Vous avez des enfants?
- Oui, j'ai trois filles et un fils.

3
- Vous avez des frères ou des sœurs?
- Je n'ai pas de frères mais j'ai deux sœurs.

Activité 11
JACQUES	Eh bien, je m'appelle Jacques. Et vous?
YVES	Yves. Vous êtes français?
JACQUES	Non, je ne suis pas français. Je suis belge. J'habite Bruxelles. Mais ma femme est française, elle est d'Amiens.
YVES	Ah bon! Alors, moi je suis français, mais ma femme vient de Belgique. Elle est de Liège.
JACQUES	Tiens! Vous avez des enfants?
YVES	Oui, j'ai un fils. Il a sept ans … Et vous?
JACQUES	Nous avons deux filles, elles ont quatre et six ans.

Activité 15

Bonjour, je m'appelle Roger Plessier. Bienvenue à Falquet. Voici l'équipe.
Monsieur Leblanc. Il est technicien.
Madame Dufour. Elle est secrétaire.
Madame Plantu. Elle est comptable.
Et je suis directeur de marketing.

Activité 18

- Tu as un frère?
- Non, j'ai une sœur, Aurélie.
- Elle est gentille?
- Aurélie? Non!
- Salut! Tu es français?
- Oui, et toi?
- Je suis belge. Je suis étudiante à l'université de Bruxelles.

Unité 3

Activité 1

- Marne-la-Vallée, c'est une grande ville, maintenant? Vous avez beaucoup d'attractions?
- Ah oui! C'est formidable. Nous avons cinq cinémas en ville, il y a un centre de loisirs, trois golfs, une piscine, deux tennis … Et il y a aussi Disneyland Paris, bien sûr! Et vous?
- Eh bien, à Redport nous avons six cinémas, deux piscines, sept tennis, un centre de loisirs … oh, et il y a aussi la mer. Nous avons quatre plages.

Activité 8

- Bonjour, monsieur, madame. Je suis Paul Richard, le propriétaire. Ma femme Régine est là-bas. Vous êtes … ?
- Je m'appelle Jean-Paul Lenoir. Voici ma femme, Louise.

- Vous êtes américains?
- Non, nous sommes suisses, de Genève.
- Ah bon! Et c'est votre fille?
- Oui, elle s'appelle Emma.

- Oui, elle s'appelle Emma. Avez-vous un fils?
- Oui, nous avons un fils, Pierre, mais il n'est pas ici.

- Oui, ils ont un fils, mais il n'est pas là.
- Avez-vous un centre de loisirs en ville?

- Oui, nous avons un centre de loisirs avec une piscine et un golf.
- Avez-vous des restaurants?
- Oui, nous avons deux restaurants avec bar.

- Il y a un cinéma?
- Ah non, nous n'avons pas de cinéma ici, mais il y a deux cinémas à Meung …

Activité 9
- Bonjour, madame. Vous êtes en vacances?
- Ah non, je suis en déplacement pour affaires. Il fait beau aujourd'hui!
- Oui, très beau, il fait toujours beau ici en été.
- Et en hiver?
- Oh, en hiver il fait froid. Mais il ne pleut pas beaucoup. Vous êtes anglaise, madame? Il pleut beaucoup en Angleterre?
- Ah, il pleut en hiver, mais aussi en été!

Activité 11
Voici le temps pour aujourd'hui. Il ne pleut pas à Paris mais il fait du vent: la température est de 15°C. À Londres, il pleut beaucoup, il ne fait pas très chaud. La température est de 12°C. À Bordeaux il fait du soleil et il fait chaud. La température est de 22°C. Il fait très chaud à Rome avec une température de 26°C mais il fait du vent.

Activité 15

- Christophe, tu as le numéro de Jean-Claude?
- Oui, c'est le 05 33 08 73 14.
- Et le numéro de Marielle?
- Euh, oui, c'est le 05 33 29 82 93. C'est le numéro de son portable.
- Merci. Oh, et tu as le numéro du restaurant *Chez Marcel?*
- Oui, bien sûr. C'est le 05 33 67 88 75.

Activité 16

- Je suis Jeanne. Mon numéro de téléphone, c'est le 01 27 40 87 01.
- Je suis Sandrine. Mon numéro de téléphone, c'est le 02 44 22 43 78.
- Je suis Jean-Marc. Mon numéro de téléphone, c'est le 04 38 62 12 03.
- Je suis Michelle. Mon numéro de téléphone, c'est le 05 36 21 65 90.

Activité 17

- Bonjour mesdames et messieurs, Le Gros Lot pour vous? 20 millions?, 30 millions?
  Voici Corinne et les numéros du Gros Lot!
- Les numéros ce soir sont le …
  le 24
  le 19
  le 38
  le 45
  le 17
  le 30
- Alors, le gros lot – le 24, 19, 38, 45, 17, 30.

Unité 4

Activité 1

- Quatre cartes?
- Oui, et je voudrais six timbres pour l'Angleterre, s'il vous plaît.
- Alors, six timbres à cinquante centimes … voilà. C'est tout?
- Euh, non, je voudrais aussi un paquet de biscuits.

- À un euro ou à un euro cinquante?
- À un euro. Merci … et … vous avez des télécartes?
- Ah non, pas ici, sur la place là-bas.

Activité 2

- Vous avez les pâtes…
  un paquet de café Nectar…
  une bouteille de coca…
  un paquet de céréales, deux bouteilles de bière…
  une boîte de petits pois…
  et la margarine…
- Oui…
- Vous avez une bouteille de vin…
  et un paquet de biscuits…
  et les deux paquets de thé, ils sont là…
  mais il manque quelque chose…

Activité 3

Alors je voudrais un paquet de biscuits, deux bouteilles de vin, un paquet de céréales, un paquet de café et une télécarte à sept euros. Voilà, c'est tout.

Activité 4

- un demi-kilo de haricots verts
- un chou-fleur
- une livre de tomates
- deux kilos de pommes de terre
- un demi-kilo de courgettes
- un kilo de pommes
- deux avocats
- une livre d'abricots
- un kilo de pêches
- un melon

Activité 5

- Et madame?
- Je voudrais un melon, un gros melon.
- Oui, madame, j'ai un beau melon ici, regardez!
- Il est bien mûr? C'est pour aujourd'hui.
- Oui, voilà … Avec ceci?
- C'est combien, les pêches?
- Deux euros ou deux euros vingt le kilo.
- Alors, un kilo à deux euros vingt.
- C'est tout, madame?
- Oui, c'est tout.
- Alors, un gros melon, deux euros trente, et un kilo de pêches à deux euros vingt … ça fait quatre euros cinquante en tout.
- Pardon, combien?
- Quatre euros cinquante, madame.

Activité 6

- Alors je voudrais 1 kg de tomates, bien mûres, s'il vous plaît.
- Oui, ça fait 3 € pour les tomates, et avec ceci?
- 1 kg de pommes aussi.
- 1 kg de pommes. Canadiennes? Alors, 3,50 €.
- Et 1 kg de pêches s'il vous plaît.
- Les grosses pêches … ça fait 3,25 €.
- Et 1 gros chou-fleur.
- Oui, alors 4 €, c'est tout monsieur?
- Non! 3 kg de pommes de terre à 1 €, s'il vous plaît.
- 3 €, monsieur.

Activité 9

- Pardon, vous avez des journaux anglais?
- Ah non, madame, pas ici. Il y a des journaux anglais au bar-tabac, sur la place.
- Et de l'eau? Vous avez des bouteilles d'eau gazeuse?
- Ah non, nous avons seulement de l'eau non-gazeuse, là-bas.

- Eh bien, c'est tout, merci.
- Alors, trois euros quinze.
- Voilà, vingt euros.
- Vous n'avez pas de monnaie?
- Non, j'ai seulement un billet de vingt euros. Excusez-moi.
- Alors trois euros quinze, vingt, trente, cinquante, quatre euros, cinq, dix et dix qui font vingt euros. Merci.
- Merci, madame. Oh oui, euh, vous avez de la monnaie pour cinq euros, s'il vous plaît? Je voudrais deux pièces de deux euros et une pièce d'un euro.
- Bien sûr, madame. Voilà … au revoir, madame.

Activité 15

JACQUES   Tiens! Alain vend sa voiture. Elle n'est pas mal, n'est-ce pas?

CHRISTIAN   Pas mal, mais elle n'est pas bon marché.

JACQUES   Non, elle est très chère, et elle n'est pas très puissante. Moi, je préfère les voitures compactes et rapides.

CHRISTIAN   Mon frère aussi. Mais ma femme et moi, nous aimons les grandes voitures confortables.

Activité 18

ETIENNE   Tu donnes un cadeau ce soir, une boîte de chocolats?

CHRISTINE   Oui, des chocolats, ou peut-être des fleurs, je ne sais pas …

ETIENNE   Christophe et Éliane adorent les chocolats blancs.

VENDEUSE   Vous désirez?

CHRISTINE   Vous vendez des boîtes de chocolats blancs?

VENDEUSE   Oui, alors, j'ai la boîte à seize euros ici, et la grande boîte là-bas à trente euros, des chocolats blancs extra-fins …

CHRISTINE   Euh, la grande boîte, s'il vous plaît, mais j'ai seulement un billet de deux cents euros.

VENDEUSE   Ce n'est pas grave, j'ai de la monnaie. Un paquet-cadeau, madame?

CHRISTINE   Oui, s'il vous plaît.

Activité 21

VENDEUSE	Vous cherchez quelque chose, madame?
FRANCE	Oui, je voudrais un pull.
VENDEUSE	Votre taille, madame?
FRANCE	Je fais du 44.
VENDEUSE	Alors, vous avez ce pull-ci à 55 €, ou bien ce pull-là à 64 € … ou vous préférez peut-être ce pull noir à 66 €?
FRANCE	Euh … j'aime beaucoup le style de ces pulls.
VENDEUSE	Il y a une cabine là-bas pour essayer, madame.
FRANCE	Merci.
VENDEUSE	Vous cherchez quelque chose, monsieur?
MICHEL	Non, j'attends ma femme.
VENDEUSE	Ce pull, madame? Alors, 66 €.
FRANCE	Vous acceptez les cartes de crédit?
VENDEUSE	Oui, bien sûr, carte de crédit ou chèque, ça va.

Activité 22

MICHEL	Non, je n'aime pas le style de ces shorts.
FRANCE	Tu préfères un bermuda? Ce bermuda-ci?
MICHEL	Un bermuda à motif! Non MERCI!
FRANCE	Ou bien ce short kaki?
MICHEL	Ah oui, peut-être. Mais il est un peu cher.
FRANCE	Oui, 56 €. Mais nous sommes en vacances!

Unité 5

Activité 1

JACQUELINE	Je voudrais changer des travellers cheques, s'il vous plaît.
EMPLOYÉ DE BANQUE	Vous avez une pièce d'identité, s'il vous plaît?
JACQUELINE	Voici mon passeport.
EMPLOYÉ	Merci. Alors, trois cents livres sterling en travellers. Un instant, je vérifie le change pour aujourd'hui … et il y a une commission de 8,50 € …

	Ça fait 420,40 €, madame. Vous signez les chèques s'il vous plaît, et vous signez ici.
JACQUELINE	Je peux retirer de l'argent au distributeur automatique, avec ma carte?
EMPLOYÉ	Vous avez une carte Visa? Alors, vous pouvez retirer jusqu'à 300 €, il y a une billetterie dehors.
JACQUELINE	D'accord. Et il y a un Office du Tourisme ici à Berville?
EMPLOYÉ	Mais oui, madame, près de la poste.
JACQUELINE	Merci!
EMPLOYÉ	Je vous en prie, madame.

Activité 2

FRENCH TOURIST	Je peux changer 300 € en livres, s'il vous plaît?
YOU	I want to change 300 € into sterling, please.
BANK EMPLOYEE	Just a moment, I'll check the exchange rate.
YOU	Un instant, je vérifie le taux de change.
BANK EMPLOYEE	That's 1,40 € to the pound and there is a £3 commission. That makes £211.29.
YOU	Ça fait un euro quarante la livre, et il y a une commission de trois livres. Ça fait £211.29.
BANK EMPLOYEE	£20 notes or £10 notes?
YOU	Des billets de vingt livres ou de dix livres?
FRENCH TOURIST	Des billets de dix livres, s'il vous plaît.
YOU	£10 notes please.

Activité 6

JACQUELINE	Est-ce que vous avez une liste des hôtels de la ville, s'il vous plaît?
EMPLOYÉE	Oui, voici madame, voulez-vous la liste des restaurants aussi?
JACQUELINE	Bonne idée! J'adore la cuisine régionale et je veux trouver un bon restaurant ... Ah, autre chose: est-ce que le musée militaire est ouvert le dimanche?

EMPLOYÉE Il est ouvert tous les jours, madame.
JACQUELINE Est-ce qu'il y a une discothèque en ville?
EMPLOYÉE Oui, vous pouvez aller à la discothèque du Grand Hôtel, mais elle est fermée le mercredi ... Voici un dépliant avec tous les renseignements sur la ville, madame.
JACQUELINE Merci.
EMPLOYÉE À votre service, madame.

Activité 14

TOURISTE Et ... il y a combien de chambres?
VOUS Il y a deux chambres; une grande et une petite.
TOURISTE C'est moderne?
VOUS Oui, c'est moderne.
TOURISTE Est-ce qu'il y a un jardin?
VOUS Non, il n'y a pas de jardin.
TOURISTE C'est dans le centre-ville?
VOUS Oui, c'est à cent mètres des magasins.

Activité 16

PHILIPPE NODET Bonjour, madame. Nous avons rendez-vous avec Maître Lecan.
RÉCEPTIONNISTE Ah, bonjour, Monsieur Nodet. Si vous voulez bien entrer ...
MAÎTRE LECAN Bonjour, monsieur, madame. Vous voulez des renseignements sur les maisons à vendre dans la région ... Alors voici quatre propriétés.
CHANTAL Ah, le beau château! Mais ce n'est pas pour nous, c'est trop grand et trop cher!
MAÎTRE LECAN Vous cherchez une résidence principale?
PHILIPPE Oui, mais nous ne voulons pas d'appartement.
MAÎTRE LECAN Une maison alors. Une vielle maison rénovée ou une maison moderne?
PHILIPPE Nous ne pouvons pas acheter une maison rénovée, c'est beaucoup trop cher aussi.

MAÎTRE LECAN	Alors, vous avez cette maison-ci à Beaulieu-sur-Loire.
CHANTAL	Combien de pièces est-ce qu'il y a?
MAÎTRE LECAN	Six pièces principales.

Unité 6

Activité 3

JEAN	Salut! Ça va, tout le monde?
MATHIEU	Qu'est-ce que tu veux, un café, un jus de fruit? C'est ma tournée.
SERVEUR	Vous désirez?
VIRGINIE	Pour moi, une orange pressée.
AURÉLIE	Je voudrais un grand crème.
MATHIEU	Et moi, je prends une menthe à l'eau. Et pour toi, Jean?
JEAN	Euh … un demi pour moi.
SERVEUR	C'est tout? Tout de suite, messieurs-dames.

Activité 5

SERVEUR	Déjeuner pour combien de personnes, messieurs-dames?
JACQUELINE	Nous sommes cinq en tout.
SERVEUR	Oui, alors la grande table là-bas.
SERVEUR	Vous désirez?
JACQUELINE	Qu'est-ce que vous avez comme plat du jour?
SERVEUR	Brochettes d'agneau avec ratatouille niçoise.
MARC	J'ai faim mais je ne veux pas de ratatouille, je déteste ça.
JACQUELINE	Vous avez des omelettes?
SERVEUR	Oui, au fromage, au jambon, ou nature bien sûr, servies avec des frites.
JACQUELINE	Vous choisissez, les enfants? … Alors quatre omelettes … au fromage.
SERVEUR	Oui, et comme boisson?
SOPHIE	J'ai soif, je veux du Coca-Cola.
JACQUELINE	Alors un verre de vin rouge pour moi et quatre cocas pour les enfants.

SERVEUR Alors ça fait quatre omelettes-frites au fromage …
JACQUELINE …et un plat du jour pour moi.
SERVEUR Voici, messieurs-dames. Bon appétit!
JACQUELINE L'addition, s'il vous plaît!

Activité 9

JEAN-JACQUES Je voudrais réserver une table pour trois personnes, jeudi prochain. C'est possible?
RÉCEPTIONNISTE Pour le déjeuner ou le dîner, monsieur?
JEAN-JACQUES Le déjeuner, à une heure.
RÉCEPTIONNISTE Aucun problème. C'est à quel nom?
JEAN-JACQUES Chauvaud.
RÉCEPTIONNISTE Vous pouvez épeler, s'il vous plaît?
JEAN-JACQUES Bien sûr, C.H.A.U.V.A.U.D.
RÉCEPTIONNISTE Entendu, Monsieur Chauvaud, une table pour trois, jeudi 15 avril, pour le déjeuner.

Activité 10

- Rémond
- Lebègue
- Valençay
- Joinville
- Lepître

Activité 12

RÉCEPTIONNISTE Bonjour, messieurs, une table pour deux personnes?
JEAN-JACQUES Non, nous sommes trois, j'ai une table réservée.
RÉCEPTIONNISTE Oui, à quel nom?
JEAN-JACQUES Chauvaud.
RÉCEPTIONNISTE Ah oui, c'est la table 8, près de la fenêtre là-bas … Voici le menu, messieurs.
SERVEUR Vous êtes prêts, messieurs?
JEAN-JACQUES Nous attendons une autre personne. Est-ce que nous pouvons avoir la carte des vins?

SERVEUR	Bien sûr, voici, monsieur.
JEAN-JACQUES	Ah, voici Françoise. Bonjour, ça va?
FRANÇOISE	Bonjour, je suis en retard, je suis désolée, quelle circulation!
JEAN-JACQUES	Nous arrivons à l'instant. Alors, voici Bertrand …

Activité 15

SERVEUR	Vous mangez à la carte, messieurs-dames?
JEAN-JACQUES	Oui. Qu'est-ce que vous prenez comme hors d'œuvre, Bertrand?
BERTRAND	La truite aux amandes pour moi.
FRANÇOISE	Moi, je prends le pâté.
JEAN-JACQUES	Eh bien, moi aussi.
SERVEUR	Et après ça? Je recommande notre spécialité, le rôti.
FRANÇOISE	Non, pas pour moi. C'est trop riche. Je préfère un médaillon de saumon à l'orange.
JEAN-JACQUES	Pour moi c'est le rôti.
BERTRAND	Eh bien, moi, j'aime les plats simples: un pot-au-feu à la poularde pour moi.
SERVEUR	Et comme vins, messieurs-dames?
FRANÇOISE	Je ne bois jamais de vin blanc.
JEAN-JACQUES	Alors, un vin rouge pour tout le monde?
BERTRAND	Pourquoi pas un Saint-Émilion?
JEAN-JACQUES	Entendu! Alors, une bouteille de Saint-Émilion.

Activité 17

BERTRAND	Il est vraiment délicieux, ce pot-au-feu!
SERVEUR	Le plateau-fromages, messieurs-dames?
FRANÇOISE	Pas pour moi, merci, Jean-Jacques?
JEAN-JACQUES	Non merci, je ne prends jamais de fromage.
SERVEUR	Et comme dessert? Soufflé, macarons ou sorbet maison?
BERTRAND	Un dessert léger pour moi, le soufflé par exemple.
FRANÇOISE	Pour moi aussi.

JEAN-JACQUES	Alors, trois soufflés au Grand Marnier et trois cafés pour terminer.
JEAN-JACQUES	L'addition, s'il vous plaît! Vous acceptez la carte American Express? Sinon, je peux payer par chèque.
SERVEUR	Comme vous voulez, Monsieur …
JEAN-JACQUES	Bien, alors voici ma carte.
BERTRAND	Eh bien, merci pour cet excellent repas, Jean-Jacques.
FRANÇOISE	Oui, merci.
JEAN-JACQUES	Je vous en prie.

Activité 19

la pain, le poivre, le pichet de vin, le verre, la carafe d'eau, la serviette, la cuillère, le couteau, la nappe, la fourchette, l'assiette, l'addition, le sel.

Unité 7

Activité 1

ALINE	Vite, Georges! Il est huit heures. Le vol pour Paris part dans une heure et demie!
GEORGES	Taxi! Nous voulons aller à l'aéroport.
ALINE	Il est huit heures dix, maintenant!
ALINE	Quelle circulation! Quelle heure est-il, Georges?
GEORGES	Huit heures et quart.
ALINE	Oh non! Il est huit heures et demie!
ALINE	Enfin, nous arrivons à l'aéroport. Vite, quelle heure est-il, Georges?
GEORGES	Il est neuf heures moins le quart.
ALINE	Il est neuf heures moins cinq. Vite, Georges, l'avion part dans trente-cinq minutes!

Activité 3

… alors, voici l'agenda pour votre visite à Orléans, samedi, le 23 mai. Vous arrivez à Orléans à dix heures trente, et nous visitons la cathédrale et la ville à onze heures. Nous avons rendez-vous avec le directeur du sydicat d'initiative à onze heures et demie et à midi, il y a l'apéritif et des présentations avec le comité de jumelage au bar *La Coupole*. L'après-midi, à treize heures, il y a le déjeuner au restaurant *La Pomme d'or* avec le Maire, et de quatorze heures à seize heures, on visite les châteaux de la Loire. Le soir, il y a le dîner à la Mairie à dix-neuf heures.

Activité 6

CHRISTINE	Je voudrais aller à Paris. À quelle heure est-ce qu'il y a un train, s'il vous plaît?
EMPLOYÉ	Il y a un train pour Paris à quatorze heures huit, arrivée à Paris St-Lazare dix-huit heures treize, hum … trop tard pour vous, il est quatorze heures cinq maintenant. Alors, le prochain train part à quinze heures huit et il arrive à St-Lazare à dix-neuf heures sept.
CHRISTINE	Est-ce que je change à Caen?
EMPLOYÉ	Non, c'est un direct.
CHRISTINE	Et il n'y a pas de train avant quinze heures huit?
EMPLOYÉ	Non, après quatorze heures huit il y a un train toutes les heures.
CHRISTINE	Ah, autre chose, à quelle heure part le dernier train pour Caen?
EMPLOYÉ	Le dernier est à vingt heures trente.
CHRISTINE	Et le premier train, le matin?
EMPLOYÉ	Alors, le premier train pour Caen part à quatre heures cinquante-quatre. Tenez, voici un horaire.

Activité 7

- À quelle heure part le prochain train pour Paris?
- À vingt heures vingt.
- Est-ce que le train est direct?

- Non, le train n'est pas direct.
- À quelle heure est-ce que le train de 20h 20 arrive à Paris?
- À vingt-deux heures huit.
- Et le dernier train? À quelle heure est-ce qu'il part?
- À vingt et une heures seize.

Activité 10

CHRISTINE	Est-ce que le train de quinze heures huit pour Paris circule aujourd'hui, s'il vous plaît?
EMPLOYÉ	Je vérifie … nous sommes le vingt-huit juin … oui, le train de quinze heures huit circule mais vous payez un supplément. Sinon, il y en a deux autres, un à quatorze heures huit et le suivant à seize heures quatorze.
CHRISTINE	Bon, d'accord pour le quinze heures huit.
EMPLOYÉ	Combien de billets?
CHRISTINE	Trois aller-retours, s'il vous plaît. Voici ma carte familiale. Est-ce qu'il y a une voiture-restaurant?
EMPLOYÉ	Oui, il y en a une aujourd'hui et il y a également une vente ambulante.
CRHISTINE	Et il part de quel quai, ce train?
EMPLOYÉ	Du quai trois, je crois, mais vous pouvez vérifier sur le tableau des départs.

Activité 12

EMPLOYÉ	Vous désirez?
VOUS	Est-ce que le train de quatorze heures dix circule aujourd'hui?
EMPLOYÉ	Alors je vérifie … nous sommes le 2 septembre, non il circule du 4 juillet au 29 août seulement.
VOUS	Le train de quinze heures quarante-quatre circule?
EMPLOYÉ	Oui, il circule tous les jours.
VOUS	Je voudrais deux aller-retours pour Caen.
EMPLOYÉ	Pardon, combien en voulez-vous?
VOUS	J'en voudrais deux. Le train part de quel quai, s'il vous plaît?
EMPLOYÉ	Du quai trois … alors, ça fait vingt-cinq euros.

Activité 14

Le train en provenance de Cherbourg …
et à destination de Paris …
circule avec quinze minutes de retard …
Arrivée au quai numéro trois …
à seize heures vingt-cinq.

Arrivée à seize heures dix-neuf …
du train en provenance de Caen …
au quai numéro quatre …
Tout le monde descend.

Quai numéro un …
Départ à seize heures treize …
du train à destination de Carentan …
– attention à la fermeture des portes!

Activité 15

VOYAGEUR 1	Je vais à Paris. Le train part de ce quai-ci?
EMPLOYÉ	Oui, mais il est en retard, il arrive dans une quinzaine de minutes.
VOYAGEUR 2	Pardon, c'est quel quai pour le train pour Carentan?
EMPLOYÉ	Du quai un, monsieur. Dépêchez-vous, il part dans trois minutes!
AUTRE VOYAGEUR 3	Est-ce qu'il y a un chariot pour mes bagages?
EMPLOYÉ	Oui, regardez, les chariots sont là-bas.

Activité 16

VOTRE AMI(E)	I would like to go to Nice by plane.
YOU	Je voudrais aller à Nice par avion.
EMPLOYÉ	Oui, au départ d'Orly alors; il y a deux vols par jour.
YOU	Yes, departing from Orly, there are two flights a day.
VOTRE AMI(E)	How long does the flight last?
YOU	Combien de temps dure le vol?
EMPLOYÉ	Environ cinquante-cinq minutes.

Après il y a Le Mont Joly – au 04 50 18 29 90, La Gelinotte – au 04 50 84 14 07 et enfin L'Étape – au 04 50 47 78 81.

CORRESPONDANT   Merci, monsieur, au revoir.

Activité 14

JÉRÔME   Allô, je suis bien au département de Marketing?

SECRÉTAIRE   Oui monsieur, est-ce que je peux vous aider?

JÉRÔME   Je voudrais parler à Monsieur Seyrac, s'il vous plaît.

SECRÉTAIRE   Un instant s'il vous plaît, c'est de la part de qui?

JÉRÔME   Jérôme Bonnet de l'IUT de Compiègne.

SECRÉTAIRE   Je suis désolé, mais Monsieur Seyrac n'est pas à son bureau en ce moment, il est en réunion. Il peut vous rappeler plus tard, si vous voulez; est-ce que vous pouvez laisser votre numéro … ?

Activité 16

MESSAGE   Vous êtes au zéro cinq vingt-deux quarante-deux soixante-deux soixante-dix-huit. Ici Francis Seyrac, directeur de marketing. Je suis absent en ce moment. Si vous désirez laisser un message, veuillez parler après la tonalité.

CORRESPONDANT   Ici Roger Planchon de la société Chabert. Je viens à Bordeaux le 20 juin avec un collègue et nous voudrions discuter de notre projet avec vous. Est-ce qu'il est possible de vous rendre visite à cette date? Merci de nous rappeler au zéro quatre cinquante-six trente-quatre quatre-vingt-seize quatre-vingt-huit aussitôt que possible.

Activité 18

JOSÉ   Oui, allô?

JÉRÔME   Bonjour José, c'est Jérôme à l'appareil.

JOSÉ   Bonjour! Merci de nous rappeler … je voudrais les détails de votre visite le seize juin.

| JÉRÔME | Oui, alors nous sommes de retour de Paris le quinze … nous allons arriver à Avignon vers dix heures, faire le tour de la ville, et nous espérons passer l'après-midi dans votre entreprise. |
| JOSÉ | Parfait! Alors, je vais organiser une présentation à quatorze heures et une visite du département de production à quinze heures … |

Activité 20

PAULETTE	Allô Marc? C'est Paulette à l'appareil! Écoute, Jean-Luc ne peut pas venir à Vierzon dimanche comme convenu.
MARC	Rien de grave, j'espère?
PAULETTE	Non, non, il doit conduire sa fille à Paris et ne va pas être de retour avant lundi. Il peut venir à Vierzon mardi, c'est le 9 août. Est-ce que tu es libre à cette date? Pour moi c'est bon.
MARC	Attends, je vais voir. Alors le 9 août, oh là là, c'est complet! Quelle journée! À dix heures je dois aller à une réunion, à midi je dois déjeuner avec des clients et à quinze heures je vais passer deux heures avec l'ingénieur en chef. Tu vois – impossible! Pourquoi pas le vendredi douze, je ne suis pas trop pressé ce jour-là et je vais à Vierzon.
PAULETTE	Ça ne va pas pour moi! Je dois assister à une conférence.
MARC	Ah! C'est compliqué pour arranger tout le monde!

Unité 9

Activité 1

CLAUDE	Alors, on prend l'autoroute A1 à Bapaume, mais je ne veux pas passer par Paris.
ALAIN	Pourquoi? C'est beaucoup plus rapide. Tu prends le périphérique, tu sors par la porte d'Italie et tu prends l'A6.
CLAUDE	Ah non! Je n'aime pas conduire en ville et la circulation est impossible dans la région parisienne!
ALAIN	Bon, bon, on peut quitter l'autoroute A1 à Senlis et contourner Paris par l'est.

CLAUDE D'accord, oui, je vois, nous allons passer par Meaux, Melun et Fontainebleau, puis prendre la N7.

ALAIN C'est ça, et nous allons rejoindre l'A6 à Nemours. C'est un peu plus long que par Paris mais c'est vrai, les routes sont moins encombrées …

Activité 3

JACQUELINE Oh, là, là, nous sommes perdus, Michel. Demandons le chemin à cette dame là-bas.

MICHEL Pardon, madame, pouvez-vous nous indiquer la route pour le Château de St-Vidal, s'il vous plaît?

DAME Vous venez d'où?

JACQUELINE De Brioude.

DAME Alors, vous allez tout droit pendant trois, quatre kilomètres et puis vous arrivez à un carrefour, vous rejoignez la D neuf cent six et vous tournez à droite, d'accord?

MICHEL D'accord!

DAME Ensuite, continuez tout droit jusqu'au Puy, et au Puy vous n'entrez pas dans le centre-ville, il y a une voie de rocade. Vous allez arriver à deux ronds-points et au deuxième, vous devez prendre la route de Langeac. Le Château de St-Vidal est indiqué au deuxième rond-point, il y a un panneau.

JACQUELINE Je vous remercie, madame.

Activité 5

Vous partez de Brioude, vous prenez la D906, vous passez à la Chaise Dieu at vous continuez tout droit pendant 4 … 5 km. Ensuite vous arrivez à un carrefour, avec la D102 à droite, vous allez un peu vers la gauche et vous allez tout droit jusqu'au Puy. Vous traversez Le Puy et vous prenez la N88. Vous passez par Yssingeaux et à 2 ou 3 km vous tournez à gauche pour aller à … Eh bien vous arrivez à … Bas-en-Basset et au château de Valprivas.

Activité 10

JACQUELINE	Bonjour! Je voudrais le plein de sans plomb, s'il vous plaît.
POMPISTE	Certainement! Il fait chaud pour voyager aujourd'hui … vous allez loin?
JACQUELINE	Nous allons à Sarlat, mais nous prenons notre temps, nous allons visiter l'Auvergne d'abord, c'est une région très pittoresque.
POMPISTE	Ah oui, et il n'y a pas trop de touristes, si vous prenez les départementales. Les routes sont calmes, il n'y a pas d'embouteillages! … Voilà, cinquante-quatre euros soixante, s'il vous plaît.
JACQUELINE	Est-ce que je peux vérifier la pression des pneus?
POMPISTE	Oui, tout est là-bas à droite, madame. Attendez, je vais laver votre pare-brise.
JACQUELINE	Vous vendez des cartes routières et des boissons fraîches?
POMPISTE	Il y a un distributeur automatique dans le bureau et nous vendons aussi des cartes.
JACQUELINE	Et où sont les toilettes?
POMPISTE	Là-bas, à droite aussi.
JACQUELINE	Pour rejoindre l'autoroute, quelle est la meilleure route?
POMPISTE	Vous ne pouvez pas continuer tout droit, c'est un sens unique. Vous devez retourner en ville. C'est indiqué au premier rond-point, il n'y a pas d'erreur possible.
JACQUELINE	Merci!

Activité 13

ANTOINE	Tu ne peux pas garer la voiture ici. C'est interdit.
JOËL	Ah oui … Zut! Elle ne veut pas démarrer!
ANTOINE	Tu as de l'essence?
JOËL	Mais oui! Pas de problème! Mais … quelque chose ne marche pas.
ANTOINE	La batterie est peut-être à plat.

JOËL   Non! la batterie est neuve!

ANTOINE   Alors, les bougies?

JOËL   Non, non, je crois que c'est le carburateur.

ANTOINE   Qu'est-ce qu'on fait, alors? Je ne suis pas mécanicien.

JOËL   Eh bien, il faut appeler une dépanneuse, c'est tout!

Unité 10

Activité 1

PATRICK   Bonsoir, j'ai deux chambres réservées pour une nuit au nom de Augeraix.

RÉCEPTIONNISTE   Est-ce que vous pouvez épeler votre nom s'il vous plaît?

PATRICK   A.U.G.E.R.A.I.X.

RÉCEPTIONNISTE   Oui en effet; pour quatre personnes, deux chambres doubles, la 218 et la 220. Voici vos clés.

RÉCEPTIONNISTE   Les chambres sont au deuxième étage à droite en haut de l'escalier.

PATRICK   Est-ce que les chambres sont calmes?

RÉCEPTIONNISTE   Très calmes Monsieur, la deux cent dix-huit avec balcon donne sur le jardin … et la deux cent vingt donne sur la cour.

PATRICK   Et elles ne sont pas au-dessus des cuisines ou à côté de l'ascenseur?

RÉCEPTIONNISTE   La deux cent vingt est en face de l'ascenseur mais il n'y a pas de problème, toutes nos chambres sont insonorisées!

PATRICK   Est-ce que notre amie est là? Madame Lamotte?

RÉCEPTIONNISTE   Madame Lamotte? Un instant s'il vous plaît … oui, Madame Lamotte à la chambre No 225 au deuxième étage aussi, à gauche en haut de l'escalier. Sa chambre donne sur la place.

Activité 3

MME LABÈGUE   Si vous voulez, nous allons faire le tour du département et je vais vous montrer votre bureau.

MME LABÈGUE   Le premier bureau à gauche est le bureau de Madame Lyon, la secrétaire de direction, et derrière, le bureau du directeur, M. Ringard. À côté, c'est le bureau du directeur adjoint, M. Warin, et la troisième porte, là, c'est mon bureau.

MME LABÈGUE   Votre bureau est à droite, au bout du couloir. En face de votre bureau vous avez la salle d'informatique.

Activité 4

TOURISTE   Est-ce que vous savez où est l'église gothique, s'il vous plaît? C'est loin d'ici? Nous sommes en voiture.

EMPLOYÉE   Non, non, regardez sur le plan de la ville. Nous sommes ici, sur l'avenue du Maréchal Foch, et l'église est là, c'est le numéro vingt-cinq sur le plan, vous voyez? Vous garez votre voiture au parking, il est juste à côté d'ici, sur la place Darcy.

TOURISTE   Et nous allons à pied. Oui, je vois, c'est préférable. Il y a des voies piétonnes dans le centre-ville.

EMPLOYÉE   Oui, alors prenez la rue de la Liberté, passez le carrefour avec les feux et continuez tout droit pendant deux cents, trois cents mètres; après, traversez la place Rude et prenez vers la gauche la rue des Forges et là vous avez l'église, juste en face de vous … c'est à environ vingt minutes d'ici. Prenez le plan, il va vous aider.

Activité 10

CLAUDE   Maintenant que nous sommes connectés à l'Internet, je réserve toujours le gîte rural en ligne.

STÉPHANIE   Et tu n'as pas de mauvaises surprises?

CLAUDE   Mais non, c'est très simple et très commode.

STÉPHANIE   Alors, explique.

CLAUDE   Eh bien, si tu ne connais pas l'adresse du site Web, tu utilises un moteur de recherche et tu tapes 'Gîtes de France' et le site s'affiche immédiatement sur l'écran.

STÉPHANIE   Est-ce que tu appuies sur les touches de ton clavier pour naviguer?

CLAUDE Non, je clique avec ma souris. Le site est très convivial et on peut obtenir les périodes libres, les tarifs et le descriptif des gîtes.

STÉPHANIE Et si tu veux recevoir le catalogue sur papier?

CLAUDE Aucun problème, tu commandes en ligne mais il n'est pas gratuit!

Activité 13

M. SENET Entrez, je vous prie ... Alors, à gauche vous avez la cuisine, et derrière il y a une arrière-cuisine.

ANNICK La cuisine est bien équipée ...

M. SENET Oui, elle est tout confort. Regardez! Le lave-linge est dans l'arrière-cuisine en dessous du séchoir et le lave-vaisselle est à côté de l'évier dans la cuisine.

ANNICK Et à droite, c'est la salle à manger?

M. SENET C'est ça, et à côté, la salle de séjour. Au fond du couloir à gauche vous avez la première chambre. Venez, montons au premier étage ... Sur votre droite se trouve la salle de bains.

ANNICK Elle est spacieuse et claire, très agréable.

M. SENET Oui, elle est grande ... et la douche fonctionne! Ensuite vous avez ici à gauche la deuxième chambre avec un lit deux places et au fond du couloir deux chambres, l'une avec des lits jumeaux et l'autre avec un lit une place.

Activité 17

ALICE Est-ce qu'il y a un rayon pharmacie, s'il vous plaît?

EMPLOYÉ Non, madame. Pour les médicaments, il faut aller à la pharmacie. À la sortie, c'est à gauche, au coin de la rue.

ALICE Merci beaucoup.

ALICE Je voudrais de l'aspirine, s'il vous plaît.

PHARMACIEN Voici, c'est tout?

ALICE Non, avez-vous quelque chose pour la diarrhée?

PHARMACIEN Oui, nous avons des comprimés ou un sirop.

ALICE Je préfère les comprimés.

PHARMACIEN Alors, voici, vous devez prendre deux comprimés toutes les trois heures … Et allez voir le médecin s'il n'y a pas d'amélioration après trois jours.

Unité 11

Activité 1

1
- Alors, tu as de l'argent?
- Oui, j'ai retiré 150 € à la banque ce matin.

2
- Bonjour, ça va?
- Non, j'ai mal aux jambes! J'ai marché tout le week-end.

3
- Vous désirez, monsieur?
- J'ai réservé une table pour quatre personnes cet après-midi.

4
- Bonne nuit?
- Non, j'ai travaillé jusqu'à deux heures du matin!

5
- Est-ce que je peux vous aider?
- Oui, j'ai téléphoné ce matin, j'ai rendez-vous avec le directeur du personnel à 15 heures.

Activité 6

GILLES Alors, cette première journée, raconte!
HÉLÈNE Eh bien, j'ai rencontré mes collègues, mais je n'ai pas travaillé beaucoup.
GILLES Le cadre est agréable?
HÉLÈNE Oui, j'ai choisi le bureau près de la fenêtre, j'ai le soleil le matin.
GILLES Tu as rencontré ton chef?
HÉLÈNE Non, je n'ai pas rencontré Monsieur Caron, notre chef.

GILLES	Et le bus? Pas de problème pour revenir?
HÉLÈNE	J'ai attendu … vingt minutes peut-être, le service n'est pas très bon sur cette ligne.
GILLES	Alors, tu es contente?
HÉLÈNE	Oui, mais je suis très fatiguée ce soir et je n'ai pas mangé!

Activité 12

JOSIANE	Bonjour, monsieur, je suis Josiane Sellet.
M. BLIN	Entrez, je vous prie, Mademoiselle Sellet, asseyez-vous! Vous avez fait bon voyage?
JOSIANE	Excellent, merci.
M. BLIN	Vous venez de loin?
JOSIANE	Oui, de Lyon, j'ai pris le TGV ce matin à six heures.
M. BLIN	Très bien, j'ai étudié votre CV, il est impressionnant. Vous avez commencé vos études secondaires à Rouen en mille neuf cent quatre-vingt-un.
JOSIANE	C'est cela, j'ai obtenu mon diplôme de BTS en mille neuf cent quatre-vingt-six. J'ai préparé un diplôme universitaire de techniques de commercialisation de mille neuf cent quatre-vingt-huit à mille neuf cent quatre-vingt-neuf.
M. BLIN	Ensuite vous avez passé six ans chez Danone …
JOSIANE	Oui, j'ai commencé en mille neuf cent quatre-vingt-onze; j'ai travaillé au département des ventes, et puis au département de marketing.

Activité 14

JOSIANE	Après mes études je n'ai pas trouvé de poste intéressant en France, alors je suis partie pour les États-Unis.
M. BLIN	Pourquoi les États-Unis?
JOSIANE	Je suis allée aux États-Unis parce que j'aime le pays mais aussi pour améliorer mon anglais … j'ai étudié les techniques de vente américaines.
M. BLIN	Vous avez passé deux ans à Chicago?
JOSIANE	Oui, je suis restée six mois au pair dans une famille et ensuite

j'ai travaillé dix-huit mois dans une grande société. Je suis revenue en France en septembre quatre-vingt-huit et je suis retournée à l'université.

Activité 15

CAROLINE	Nous sommes allés à Paris la semaine dernière.
GUILLAUME	… et vous êtes restés à Paris combien de temps?
CAROLINE	Trois jours seulement, mais on a fait beaucoup de choses.
JULIEN	Oui, nous sommes montés à la Tour Eiffel bien sûr et nous avons visité Notre Dame.
GUILLAUME	Est-ce que vous avez fait le tour des musées?
CAROLINE	Julien adore ça, alors il est allé au musée du Louvre …
JULIEN	… et Caroline est allée dans les boutiques de la rue de Rivoli.
GUILLAUME	Quand êtes-vous rentrés?
JULIEN	Nous sommes revenus mardi, fatigués mais contents!

Activité 16

FRANÇOISE	Patrick! Comment ça va? Les vacances ont été bonnes?
PATRICK	Excellentes merci, nous sommes allés à St Tropez et nous avons eu un temps splendide! Voici Isabelle, ma nièce, elle est française et va passer une année ici.
ISABELLE	Enchantée, madame.
FRANÇOISE	Bonjour! Quand êtes-vous arrivée?
ISABELLE	La semaine dernière; j'ai eu le temps de visiter la ville et les environs.
PATRICK	Son anglais est excellent! Isabelle a passé deux ans en Irlande.
FRANÇOISE	Comme assistante?
ISABELLE	Non, je suis allée comme jeune fille au pair, pour six mois d'abord, et j'ai décidé de rester.
PATRICK	… et toi Françoise, qu'est-ce que tu as fait? Tu es allée en Bretagne?
FRANÇOISE	Non, nous sommes descendus dans le Sud, nous sommes allés à Biarritz et nous avons passé deux semaines dans un

gîte très confortable; nous sommes partis là-bas en juillet et nous avons eu un temps magnifique …

Unité 12

Activité 3

L'écrivain Lucette Chauny parle …

Je suis née à la Guadeloupe en 1940 et j'ai passé mes premières années dans un petit port de pêche près de Sainte Anne.

J'ai fait mes études à Point-à-Pître, avec mes quatre frères et sœurs.

J'ai commencé à écrire quelques nouvelles à l'âge de dix-huit ans.

Je suis venue à Paris en 1959 et j'ai étudié la philosophie et l'histoire à la Sorbonne pendant quatre ans. J'ai publié mon premier roman il y a trente ans. J'habite une petite ville à quinze kilomètres de Paris depuis mille neuf cent soixante-dix et je retourne à la Guadeloupe tous les ans.

Activité 5

GUIDE	Françoise 1er a acquis le château de Chenonceau en mille cinq cent trente-cinq.
TOURISTE	Et il a habité ici pendant son règne?
GUIDE	Non, pas vraiment, il a utilisé cette résidence pour ses chasses. Ensuite, en mille cinq cent quarante-sept, Henri II est monté sur le trône et a donné le château à la belle Diane de Poitiers.
TOURISTE	Et c'est elle qui a créé le château comme il est aujourd'hui?
GUIDE	En effet, vous voyez le jardin italien là-bas, à gauche, c'est elle qui a fait les plans, c'est elle aussi qui a été à l'origine du pont sur le Cher. De l'autre côté, à droite vous voyez le jardin de Catherine de Médicis.
TOURISTE	La rivale de Diane de Poitiers?
GUIDE	Oui, la femme d'Henri II. Le roi est mort en mille cinq cent cinquante-neuf et Catherine a repris le château, elle a apporté beaucoup de modifications: une galerie au-dessus du pont, en particulier.

TOURISTE	Et ensuite, il y a eu plusieurs propriétaires?
GUIDE	Oui, le château a appartenu à plusieurs familles mais c'est Diane de Poitiers et Catherine de Médicis qui ont été les grandes figures de l'histoire du château. Chenonceau appartient maintenant à la famille Menier.

Activité 6

GUIDE	Nous sommes ici au rez-de-chaussée, il y a quatre pièces: la plus intéressante est peut-être la chambre de Diane de Poitiers. C'est Jean Goujon qui a créé cette magnifique cheminée au fond de la pièce. Maintenant nous passons dans la galerie. Remarquez le pavé noir et blanc.
TOURISTE	Cette galerie a joué un rôle dans les deux guerres, n'est-ce pas?
GUIDE	Oui, les Français ont utilisé cette galerie comme hôpital militaire pendant la première et la deuxième guerre mondiale, de mille neuf cent quarante à mille neuf cent quarante-deux la ligne de démarcation est passée au milieu de la galerie. … Si vous voulez me suivre nous allons passer au premier étage.

Activité 10

1 Après la guerre, la quatre chevaux est née; elle a été le grand succès des premières années de paix: c'est une petite voiture avec moteur à l'arrière. Elle a attiré les clients des classes moyennes et a contribué à développer le niveau de vie des Français.

2 La Renault Dauphine est apparue en 1956. Elle a sauvé l'entreprise de sérieuses difficultés financières. C'est une voiture fonctionnelle, pas très sophistiquée.

3   En 1964, Renault a lancé un nouveau modèle. La R16 est restée
    très populaire pendant de nombreuses années. L'usine de
    Sandouville a fabriqué cette voiture de 1964 à 1979.
4   Ensuite, en 1972, c'est la Renault 5 qui est sortie. Pendant 12 ans la
    firme a vendu plus de 5 millions de ce modèle. C'est une voiture
    moderne, idéale pour la ville.

The *Voilà!* audio material consists of two cassettes or CDs, as follows.

TAPE 1
Side 1: Unit 1–Unit 4 Activity 4
Side 2: Unit 4 Activity 5–Unit 6

TAPE 2
Side 1: Unit 7–Unit 9 Activity 3
Side 2: Unit 9 Activity 5–Unit 12

CD1
Unit 1: tracks 1–14
Unit 2: tracks 15–22
Unit 3: tracks 23–29
Unit 4: tracks 30–40
Unit 5: tracks 41–45
Unit 6: tracks 46–53

CD2
Unit 7: tracks 1–9
Unit 8: tracks 10–17
Unit 9: tracks 18–22
Unit 10: tracks 23–28
Unit 11: tracks 29–34
Unit 12: tracks 35–38